DU MÊME AUTEUR

ÊTRE JUIF ET FRANÇAIS : JACOB KAPLAN, LE RABBIN DE LA RÉPUBLIQUE, Éditions Privé, 2006

À CORPS ET À TOI, Actes Sud, 2006

LA KABBALE POUR DÉBUTANTS, Trajectoire, 2007

BIOÉTHIQUE : L'HOMME DÉMULTIPLIÉ, UNE RÉFLEXION JUIVE SUR L'HUMANITÉ À VENIR, Oxus, 2009

PAROLES D'ALLIANCE, avec François Clavairoly, Éditions François Bourin, 2011

LES ENFANTS D'ABRAHAM : UN CHRÉTIEN, UN JUIF ET UN MUSULMAN DIALOGUENT, avec Alain de La Morandais, Malek Chebel, Presses de la Renaissance, 2011

ÉTHIQUE ET ACTION PUBLIQUE, Éditions ISMaPP, 2011

ÉMERIC DEUTSCH. LA VOLONTÉ DE COMPRENDRE, Éditions des Rosiers, 2011

MISÉRICORDE EST SON NOM, dialogue avec le cardinal Philippe Barbarin, Éditions Emmanuel, Amitié judéo-chrétienne de France, 2017

RÉINVENTER LES AURORES, Fayard, 2020

COMME L'ESPÉRANCE EST VIOLENTE, Flammarion, 2024

MA VIE AVEC EDMOND FLEG

HAÏM KORSIA

MA VIE AVEC EDMOND FLEG

ma vie avec

Gallimard

ma vie avec

Collection créée par François Sureau,
dirigée par Sandrine Treiner

Incipit

Chacun de ceux qui entretiennent un rapport particulier avec le langage écrit, les livres, leur épaisseur charnelle et spirituelle, le sait.

Chacun même de ceux qui ne lisent que rarement s'en souvient, parce que son enfance fut éclairée par tel moment de découverte partagée ou d'illumination inattendue.

Chacun, en réalité, de vous qui êtes en train de me lire, en est secrètement persuadé : il existe des textes qui nous construisent, nous marquent durablement – en un mot, nous font *naître* à nous-même. Ces textes inaugurent un monde pour nous. Ils nous prennent la main pour nous mener où nous ne savions pas que nous désirions nous rendre.

Et au bout du chemin, c'est encore nous que nous rencontrons :

Ayant bu des mers entières, nous restons tout étonnés
que nos lèvres soient encore aussi sèches que des plages,

Et toujours cherchons la mer pour les y tremper sans voir
que nos lèvres sont les plages et que nous sommes la mer.

Ainsi le formulait déjà le grand poète persan Attâr de Nichapour, au XIIe siècle.

Imaginez. Il suffit d'une soirée studieuse. Notre bibliothèque est une mer. Nos livres permettent d'y naviguer. Nous reconnaissons, au détour d'une page qui nous attendait, ces mots que nous aurions voulu écrire. D'eux, nous apprenons un peu ce que nous sommes, ou ce que nous aimerions devenir. René Char le dit autrement dans ses *Chants de la Balandrane* : « Les mots qui vont surgir savent de nous des choses que nous ignorons d'eux. »

Ce qui traverse l'histoire de la littérature et de notre relation avec cette parole elle-même rapportée, c'est la même intuition – les livres nous permettent d'apprendre du passé pour imaginer l'avenir, de puiser des forces chez ceux qui nous ont précédé, laissant des traces dont nous pouvons à notre tour nous emparer pour faire œuvre de transmission.

Savez-vous quel est l'*incipit*, le commencement du grand code de la Loi juive rassemblé en 1562, dans une Espagne qui rejette pourtant ses Juifs, par le rabbin Yossef Caro, et appelé le *Choulhan Aroukh* (« table dressée », en hébreu) ? Il débute par ces mots :

« Lève-toi comme un lion pour servir ton Créateur. » Se lever – les matins, petits ou grands, comptent. L'engagement est une renaissance quotidienne du désir d'être et de vivre justement. C'est dès le matin que tout est dit de notre motivation, de notre engagement à traverser le jour. Ce livre en quatre parties qui rassemble des règles relatives à la vie juive nous explique avant tout que rien ne peut se faire sans l'affirmation d'une volonté intime, ancrée dans l'aube, de servir notre Créateur. Le reste peut suivre : la journée, nos actes, nos rêves eux-mêmes dans la nuit qui suivra découleront de cet élan initial.

Commencer, c'est naître. Naître, c'est devenir. Voici la clef qui me guide toujours. Prendre de l'avance sur le jour, c'est s'engager dès le matin avec la détermination de qui veut faire advenir du nouveau dans son existence. Cette disposition d'esprit rend beaucoup de choses possibles, non pas seulement souhaitables mais réalisables, car il n'y a d'utopie valable que celle qui se confronte au réel et à ses méandres, à ses complications. La vie est le produit de cette volonté, cette détermination, multipliée par ce désir, cette aspiration.

Parmi tous les textes que j'ai pu un jour fréquenter, aucun ne m'a autant ému, aussi profondément frappé que celui, devenu si difficile à se procurer, d'Edmond Fleg intitulé *Pourquoi je suis Juif*.

J'estime que tout y est et c'est parce qu'il a tant

compté pour moi que je voudrais donner à d'autres l'envie de le lire ou de le relire. C'est un texte de poète, d'érudit, c'est un texte profondément juif, et en même temps largement universel, ce qui d'une certaine manière est un peu la même chose.

C'est un texte qui peut nous porter, du matin jusqu'au soir, de l'engagement de l'aube jusqu'aux promesses de la nuit. Ce court livre, publié en 1928, compte moins d'une centaine de pages. C'est à la fin, s'adressant à un petit-fils imaginaire, que l'auteur place une litanie qui rassemble la substantifique moelle de son message, « à l'heure même où l'humanité commence de sentir son unité, [et où] le retour des Juifs en Palestine, attaché, dans les paroles des prophètes, au miracle de cette unité, commence avec elle. Dispersé partout, le judaïsme se reconcentre sur la terre des ancêtres ; et le sol qu'y recréent les sionistes, la langue qu'ils y apprennent, tout l'effort de leur résurrection rend impossible, pour les Juifs dispersés et pour les hommes dispersés, l'oubli d'Israël et de son idéal[1]. »

La création, qu'il espère alors, de la nation israélienne est pour lui, avant tout, la condition de la mémoire d'un peuple – aussi bien que de sa survie. Mémoire qui constitue seulement une corde de rappel, car le message fondamental que Fleg aura porté toute sa vie, au terme d'un parcours marqué par

1. *Pourquoi je suis Juif*, Edmond Fleg, 1927.

le dreyfusisme, est avant tout celui d'un Juif européen. Cette position dans le monde dicta sa conduite en 1914 alors qu'il combattait dans la Légion étrangère (suisse d'origine, il ne sera naturalisé français qu'en 1921) : « En tous pays, jusqu'au don de la vie, soyez des hommes de vos pays ; et en même temps, soyez juifs ; consacrez à chacune de vos patries le trésor humain que vous tenez d'Israël ; et la paix de vos patries sera votre paix, et la paix des hommes sera votre paix. »

De sa trajectoire, de sa destinée, Fleg tire donc une définition qui m'a toujours marqué par sa très grande beauté, alliée à sa force. Il ne craint pas l'anaphore, cette répétition qui assène, raconte, résonne, et ne cesse de recommencer, de persévérer dans son affirmation.

> Je suis juif, parce que né d'Israël, et l'ayant perdu, je l'ai senti revivre en moi, plus vivant que moi-même.
>
> Je suis juif, parce que né d'Israël, et l'ayant retrouvé, je veux qu'il vive après moi, plus vivant qu'en moi-même.
>
> Je suis juif, parce que la foi d'Israël réclame de mon cœur toutes les abnégations.
>
> Je suis juif, parce que en tous les lieux où pleure une souffrance, le juif pleure.
>
> Je suis juif, parce que en tout temps où crie une désespérance, le juif espère.

> Je suis juif, parce que la parole d'Israël est la plus ancienne et la plus nouvelle.
>
> Je suis juif, parce que la promesse d'Israël est la promesse universelle.
>
> Je suis juif, parce que, pour Israël, le monde n'est pas achevé, les hommes l'achèvent.
>
> Je suis juif, parce que pour Israël, l'Homme n'est pas créé : les hommes le créent.
>
> Je suis juif, parce qu'au-dessus des nations et Israël, Israël place l'Homme et son Unité.
>
> Je suis juif, parce qu'au-dessus de l'Homme, image de la divine Unité, Israël place l'Unité divine et sa divinité.

Lisez-le à haute voix, à votre tour, et vous comprendrez. Lorsque j'ai pour la première fois lu ce texte, j'ai compris qu'il répondait à un besoin fondamental qui avait été le mien sans que je ne sache le formuler encore : celui de définir ce que j'étais, ce que je voulais faire de ce que j'étais, mais aussi ce que je pouvais et ce que le monde devait attendre de moi. C'était au Séminaire israélite de France, et notre professeur de français, M. Abramovitch, nous avait proposé de réfléchir sur ce texte. C'était lui, déjà, qui m'avait fait découvrir le *Cimetière marin* de Valéry, que je présentai au bac alors qu'il n'était même pas au programme et sur lequel je fus interrogé.

Fleg n'a qu'un autre étendard, à côté du drapeau de la République, et en vérité il le confond sans cesse avec lui, comme j'aime le faire, c'est celui de l'espérance, qui rallie les porteurs et les passeurs d'espoir. Lorsque Fleg affirme que « la nuit la plus noire est une aube qui vient », ses mots résonnent évidemment avec la formule lumineuse d'Apollinaire : « Jamais les crépuscules ne vaincront les aurores. Étonnons-nous des soirs mais vivons les matins. » Or, je dois étonnamment cette rencontre avec le poète-soldat à... un homme d'État, Jean-Marc Sauvé, qui le citait en quittant ses fonctions de vice-président au Conseil d'État. Je n'ai depuis jamais oublié cette phrase, allant jusqu'à vouloir que le titre de l'un de mes livres, *Réinventer les aurores*, s'en fasse l'écho.

Au-delà de son « manifeste » pour un judaïsme européen, français, sur lequel je reviendrai, Fleg est aussi l'auteur d'une « anthologie juive » qui m'accompagne partout, depuis longtemps – c'est elle, encore, que je voudrais donner à redécouvrir, dans sa cohérence et sa fragilité, parce qu'elle comporte des trésors et, parfois, des manques. Au fil des années et de mes lectures, il m'est apparu que je m'attachais inconsciemment, je le comprends désormais, à la « compléter » comme si je pouvais et devais me l'approprier à mon tour.

Ce qui m'a fondé, la clef de mon parcours, est secrètement inscrit entre les pages de ce qui est devenu une sorte d'anthologie imaginaire, comme Malraux parlait d'un musée imaginaire : celle de Fleg et celle que j'ai rêvée, entremêlées de telle manière que je peine parfois à les distinguer.

Comme Apollinaire est l'homme de l'émerveillement (dont il avait fait sa devise : « J'émerveille »), Edmond Fleg est l'homme de l'espérance, dont j'ai fait mon propre moteur, ma raison d'être et de vivre, pour reprendre le titre de la collection dirigée par André Billy, dans laquelle Fleg publia son texte : *Leurs raisons*. Et c'est pourquoi je lui devais ce livre que me proposa d'écrire François Sureau comme s'il était un messager d'un autre ordre, non comme historien ou biographe, mais comme héritier spirituel et passeur, en ce sens, d'une œuvre à laquelle je sais tout ce qui me rattache, et tout ce qui attachera bientôt mes lecteurs, qu'ils la découvrent ou la redécouvrent.

PETIT-FILS

D'abord, qui est Edmond Fleg, qu'est-ce qui rend chez lui possible une telle compréhension, à la fois précise, clinique, juste, et parfaitement incarnée, passionnée, presque évidente, du judaïsme ? Comment cet écrivain naît-il à la vie spirituelle juive sans jamais être passé par une *yechiva* – ces maisons d'études talmudiques où, souvent, l'on apprend à connaître, à penser, à discuter à l'infini tout en réinventant entre les lignes ce que les lignes ne disent pas.

Bien que né juif en 1874, Edmond Flegenheimer a dû parcourir un véritable chemin pour *le devenir* et, ce faisant, il a bâti la forme et la force de sa foi selon sa raison, comme Abraham avait déduit raisonnablement l'existence de Dieu de l'enchaînement des causes du monde, en constatant que tout ramenait à une cause première, qui ne pouvait être autre que le Créateur.

C'est en questionnant le judaïsme que Fleg parvient à l'humanisme, de même que le Concile Vatican II, en 1965, « en scrutant le mystère de l'Église », selon la formule du début du quatrième paragraphe, revient aux Patriarches et aux Matriarches de la Thora et donc du judaïsme.

Lorsqu'il écrit les paroles quasi prophétiques de son libelle intitulé *Pourquoi je suis Juif*, Fleg les dédie à un « petit-fils qui n'est pas encore né ». Il lui explique ce qu'il veut lui transmettre d'essentiel et de vital. Selon le grand rabbin Jaïs, qui fut grand rabbin de Paris et mon professeur à l'école rabbinique, est juif celui ou celle qui a des petits-enfants juifs car être quelque chose sans le transmettre, et même plus, sans transmettre l'obsession de transmettre, c'est ne plus l'être. Pour Fleg aussi, il était primordial de transmettre à une descendance potentielle le fruit de son cheminement, pour le lui léguer, comme un cadeau, et ce faisant s'inscrire dans le livre des générations futures.

Mais ce qu'il ne sait pas alors, c'est que ses deux enfants vont mourir, l'un pour la France et l'autre par dépit de ne pouvoir la servir, sans laisser de descendance directe. Il n'y eut pas de petit-fils rêvé. Ce livre, dès lors, ne s'adresse pas à l'enfant qui n'est jamais né, mais à chacun de ceux qui veulent l'accueillir et se faire ainsi petit-fils, passeur, rallumant la mémoire.

Je peux donc l'affirmer : je suis l'un des innombrables petit-fils d'Edmond Fleg, et j'en revendique la fierté. Au reste, l'enfant n'est-il pas toujours un peu le père, ou la mère, de celui qui l'enfanta et qui devint par lui un peu plus que ce qu'il était ? De ce fait, je suis le petit-fils de Fleg, et en le racontant je fais de Fleg le grand-père qu'il désirait absolument devenir.

L'avouerais-je seulement ? Né fin septembre 1963, j'ai toujours eu envie de croire qu'il y avait eu une forme de passage de témoin entre... John Fitzgerald Kennedy, mort en novembre de la même année, et moi ! Admettons que j'aurais pu trouver plus modeste ou sobre, mais il se fait que, dans toutes les rétrospectives de l'année 1963, on m'y ramenait : c'était la mort du grand homme ; et c'était toujours ma naissance. Ainsi se créa dans mon imaginaire d'enfant ce lien proprement surnaturel, avec autant de toupet que d'immodestie.

Un peu plus tard, j'allais découvrir qu'Edmond Fleg aussi était mort en 1963, et même aux ides d'octobre, à une date très proche de celle de ma naissance. Ce fut alors que j'acceptai la révélation pour ce qu'elle valait – mon lien était plus naturel encore avec Fleg qu'avec JFK, le mari de Jackie (à laquelle, objectivement, ce qui n'avait pas peu contribué à entretenir ma mythologie intime, ma femme ressemble, mais ce serait une autre histoire).

À propos de 1963 tout de même, et avant de tourner cette page pour me concentrer sur l'homme avec qui je vis et je pense depuis si longtemps, souvenons-nous que le fameux discours *I have a dream* de Martin Luther King, lors de la Marche sur Washington pour l'emploi et la liberté, au cours de laquelle chantèrent Bob Dylan et Joan Baez, fut prononcé le 28 août de la même année, soit précisément un mois, à un jour près, avant ma naissance : ceci explique sûrement, comme me l'accorderont les esprits les plus déliés et joueurs, que j'aie toujours eu envie d'affirmer mes rêves, ou tout au moins de les interpréter, à la manière de Joseph expliquant les songes du Pharaon. C'est ce que je vais faire ici.

Mais revenons-en à Fleg, né en 1874, mort en 1963 : dès que je le lus, je compris qu'il traçait un sillon qu'il m'appartenait aussi d'explorer, qui avait toujours été le mien et qu'il m'aiderait à mieux tracer ; un sillon par lequel je combine mon amour pour le judaïsme, la France, la poésie, les textes, le Talmud, le rêve, l'armée et le service de l'État, bref, tout ce qui m'a toujours porté et que j'ai voulu porter à mon tour.

Voilà donc, me disais-je en relisant ébloui ces pages, ce que je pouvais espérer de mieux : marcher sur les traces de cet homme, et voir où elles me mèneraient. Depuis cette découverte initiale, les petits signes et autres correspondances qui valent convergence n'ont fait que s'accumuler.

Ainsi, dans une pièce émouvante rédigée à la fin de la Première Guerre mondiale, *La Maison du Bon Dieu*, il raconte ce que j'ai connu de plus fort et de plus beau dans les armées, dont je suis un ancien aumônier général du culte israélite : la fraternité entre les religions et entre les aumôniers. Mais il donne sens à cette amitié pour atteindre à l'universel en partant du particulier.

Dans *L'Enfant prophète*, son unique roman, c'est un jeune garçon qui part en quête de son judaïsme, écartelé entre des parents peu observants, qui ne veulent pas l'enfermer dans une conception étroite de la société, son amoureuse chrétienne qui rêve de le convertir à sa foi et un rabbin qui devient son dernier recours. Lorsque l'enfant explique au rabbin qu'il lui semble impossible de suivre 613 commandements, ou *mitzvot* (autant que de grains dans la grenade, dit aussi la tradition), le rabbin lui répond que l'Éternel n'est pas si exigeant : au-dessus de la loi, il y a l'esprit de la Loi. Et l'étude.

Lorsque le garçon précise finalement qu'il a réfléchi, le rabbin se réjouit car, pour lui, réfléchir, c'est déjà pratiquer le judaïsme au plus haut niveau. Le rabbin ajoute même que si dans la Bible les prophètes avaient 80 ans, l'âge de Moïse à la sortie d'Égypte, ils ont maintenant 15 ans, l'âge du garçon. Ce prophète, c'est Edmond Fleg.

Il nous interpelle avec des poèmes dans *Écoute, Israël*, il refaçonne la vie de Moïse ou de Salomon, nous offre des paraboles avec *L'Enfant prophète*, nous force à méditer avec des pièces de théâtre comme *Le Juif du pape* ou *La Maison du Bon Dieu*, des traductions de Gershom Scholem comme *Tèvié* et surtout nous propose l'œuvre absolue de son *Anthologie juive*, dans laquelle il cherche à mettre en cohérence tous les apports du judaïsme à l'histoire du monde et, en particulier, au génie de la France.

Lorsque Edmond Fleg devient directeur de la collection « Judaïsme » de l'éditeur parisien Rieder en 1925, cette maison qui deviendra les Presses universitaires de France avant la guerre, il cherche toujours à expliquer, présenter et rendre vivante cette foi d'Israël qui ressuscite sans cesse et commence à s'incarner alors dans le projet sioniste.

C'est l'époque où Jacob Kaplan, nommé rabbin à Mulhouse en 1922, lance la revue *Chema Israël* afin de poursuivre le même but. C'est ce que la chercheuse

Catherine Fhima va appeler dans un travail sur André Spire et Edmond Fleg une véritable « renaissance juive ». C'est ce chemin collectif et individuel que suivra Edmond Fleg pour retrouver sa place dans le destin d'Israël. Mais s'il doit retrouver son identité, c'est qu'il l'avait perdue.

En fait, toute son œuvre permet de lever ce grand malentendu : si jusqu'à l'affaire Dreyfus le rêve de l'assimilation était associé à celui d'une fusion telle avec l'identité française que cette dernière devait effacer toutes les autres, Fleg prend enfin conscience qu'il y a là une erreur fondamentale. S'assimiler, ce n'est pas nier une partie de soi pour se cacher derrière le masque que constituerait une autre partie de soi. C'est au contraire conjuguer tous les pans du costume, toutes les facettes du masque, et faire qu'il se confonde avec notre peau, au plus près de notre vérité. L'identité française et l'identité juive, nous dit-il en substance, ne sont pas contradictoires ou exclusives, elles sont complémentaires et se fécondent l'une l'autre.

C'est le temps de la Troisième République, celle des hussards noirs de l'école, qui a tant fait pour l'éducation, la reconnaissance du mérite et de l'effort et pour l'émancipation. Cette même République est aussi celle qui, percutée par l'affaire Dreyfus mais finalement renforcée lorsque la justice l'emporta enfin, devint quasi schizophrène lorsque à travers l'école elle proposa aux Juifs un contrat moral intenable : « Il faut être Français à l'extérieur et Juif chez soi. » Fleg s'y conforme d'abord si parfaitement qu'il va encore plus loin, en oubliant tout simplement d'être juif chez lui.

Puis, lorsque vient la prise de conscience, il s'élève contre cette interprétation abusive qui emporte avec elle tant de négation et de déni, qui pousse à se couper d'une part de ce que nous sommes, à transformer une part de nous-même en conscience fantôme, comme il y a des membres fantômes ressentis par les amputés. Plus encore, cette conception de l'identité ne peut qu'inciter à la schizophrénie et à l'hypocrisie, puisqu'elle consiste à affirmer que nous devons oublier notre judaïsme lorsque nous évoluons dans la Cité, et laisser notre drapeau tricolore à la porte lorsque nous entrons dans notre maison.

Le même malentendu nous poursuit aujourd'hui sur la question laïque, dont certains imaginent qu'elle revient à supprimer le religieux dans l'espace public alors qu'elle consiste au contraire à n'interdire aucune religion, à les tolérer toutes et à n'en privilégier aucune, en un mot à distinguer l'espace du politique de celui de la théologie, le discours sur la cité du discours sur l'âme.

Fleg, confronté dans sa chair, notamment à travers l'une des amitiés les plus importantes de son existence, à un antisémitisme dont il n'avait pas pris la mesure, revient à ce judaïsme qu'il avait d'abord écarté de lui comme étant inconvenant et incompatible avec la République, lorsqu'il se rend compte qu'il ne l'empêche pas d'être pleinement, totalement français, bien au contraire.

Ce début de XXe siècle qui voit exploser la question nationaliste ne pose pas le problème dans les mêmes termes qu'aujourd'hui, car alors Italiens, Polonais et Espagnols sont tous chrétiens : pourtant, le nationalisme et le racisme prolifèrent. On croit que la solution aux maux de la société repose sur un modèle uniforme, monolithique qui doit éliminer toutes les différences. On refait l'erreur de la tour de Babel.

Même si les deux notions d'unité et d'uniformité semblent assez proches, elles sont en fait absolument opposées. Lorsque les hommes décident de bâtir une tour à Babel afin de monter jusqu'au ciel pour s'opposer à Dieu, la Bible précise (Genèse XI, 1) : « Toute la terre parlait une seule langue et les mêmes paroles. » S'il y a répétition de cette idée qui paraît identique, une seule langue, les mêmes paroles, c'est en fait pour que nous comprenions que non seulement toute l'humanité utilisait la même langue, mais que de plus elle avait la même façon de l'employer. Les mêmes raisonnements, les mêmes avis et opinions : ne dirions-nous pas aujourd'hui, une « pensée unique », standardisée, abîmée par les clichés et la langue, littéralement, de bois ?

Lorsque Dieu disperse cette humanité à la surface de la Terre, recréant et mélangeant les langues, ce n'est pas de la sanction d'un Dieu vengeur, furieux que les hommes veuillent lui faire la guerre en Son domaine, qu'il s'agit. Ce que fait Dieu lorsqu'il impose de la différence là où il y avait uniformité, c'est créer de l'unité en conjuguant les diversités, de langue et de lieu, pour permettre à l'humanité de trouver sa cohérence dans une identité qui ne vaut pas conformité. Unie, oui, l'humanité doit l'être, mais pas uniforme.

Car parler pareil, c'est penser pareil, et penser pareil, c'est le pire piège, celui par lequel on empêche tout un chacun d'apporter à l'édifice de la pensée ce qu'il a de particulier, d'unique, de non reproductible et donc non copiable : de plus singulier. C'est très exactement l'idée que va brillamment illustrer Fleg.

L'affaire Dreyfus représente le catalyseur d'une prise de conscience, voire d'un virage métaphysique pour toute une génération qui prend soudain la mesure d'un antisémitisme virulent et sans vergogne, et se décide enfin à se lever contre lui. Dreyfus se retrouve « évidemment coupable » pour une partie de la population française car porteur, malgré lui, malgré même son histoire et ses choix, de tous les préjugés contre les Juifs. « Que Dreyfus est capable de trahir, je le conclus de sa race », clame Maurice Barrès. Le même Barrès osera écrire, dans *La Parade de Judas*, relatant la dégradation du capitaine Dreyfus dans la grande cour des Invalides le 5 janvier 1895 : « Devant la grille de l'école, place de Fontenoy, la foule enfle, difficilement contenue par la police. Elle s'énerve tandis que croît l'attente. On entend les premiers cris "mort aux juifs... à mort Judas" : spectacle plus excitant que la guillotine. »

Une fois surmonté le traumatisme de l'affaire, la République et la justice l'ayant emporté, le chemin de l'émancipation se poursuit pourtant. Et peut-être est-ce parce que la France n'est pas son pays de naissance, lui le Genevois, que Fleg, suisse de nationalité, va adopter ce que le prophète Isaïe appelle le « zèle des néophytes ». Plus français même que les natifs, marqué aussi par ses origines alsaciennes (sa famille avait décidé d'émigrer en Suisse pour fuir l'occupation prussienne de 1870), il est l'un de ceux que Pierre Birnbaum nomme « les fous de la République », ces Juifs qui voient dans la devise « Liberté, Égalité, Fraternité » l'écho de la révélation du Sinaï et dans la France la concrétisation de la Jérusalem céleste, par les idéaux de 1789 et surtout par l'acte d'émancipation du 27 septembre 1791 qui offrit aux Juifs la pleine citoyenneté française.

C'est justement autour des combats pour la justice en faveur du capitaine injustement déchu que vont se former les conditions de la renaissance d'une cosmogonie des intellectuels juifs, unis par une solidarité de fait qu'ils n'avaient pas recherchée mais qu'ils découvrent nécessaire : poètes, penseurs, philosophes et sociologues, ils vont concevoir la société comme conjugaison des identités afin de s'opposer à la tyrannie de l'assimilation qui oblitère toutes les appartenances.

Mais voyons d'abord comment Flegenheimer devint Fleg, et ce que furent ses années de formation.

LA FORMATION D'UNE ÂME JUIVE

Fleg est né Flegenheimer mais publie dès le départ sous son nom d'emprunt, raccourci plus immédiat vers le français qui lui permet d'éviter les justifications permanentes. C'était avant qu'Alain Finkielkraut ne prononce ces mots bouleversants dans son discours d'entrée à l'Académie française le 28 janvier 2016 :

> Nous sommes en janvier 2016. Et un nom cacophonique, un nom dissuasif, un nom invendable, un nom tout hérissé de consonnes rébarbatives, comme Bztornski ou mieux encore, comme Karfunkelstein, le patronyme dont l'extrême droite avait affublé Léon Blum pour faire peur aux bons Français, un nom à éternuer en somme, et même, osons le dire, un nom à coucher dehors, est reçu aujourd'hui sous la coupole de l'institution fondée, il y aura bientôt quatre siècles, par le cardinal de Richelieu.
>
> Né quelque dix ans seulement après cette diatribe du futur académicien Pierre Gaxotte contre le chef du gouvernement de Front populaire : « Comme il nous hait ! Il nous en veut de tout et de rien, de

notre ciel qui est bleu, de notre air qui est caressant, il en veut au paysan de marcher en sabots sur la terre française et de ne pas avoir eu d'ancêtres chameliers, errant dans le désert syriaque avec ses copains de Palestine », l'héritier de ce nom n'en revient pas. Il éprouve, en cet instant solennel, un sentiment mêlé de stupeur, de joie et de gratitude. S'appeler Finkielkraut et être accueilli parmi vous au son du tambour, c'est à n'y pas croire.

Ce nom d'ailleurs, je ne l'ai pas toujours porté au complet. Pour simplifier la vie des professeurs, pour ne pas affoler le personnel administratif, et pour éviter à mes condisciples la tentation d'une plaisanterie facile sur la dernière syllabe, mes parents ont obtenu qu'à l'école ou au lycée je me fasse appeler Fink ou Finck.

Edmond Fleg eut aussi recours à ce subterfuge en espérant qu'il lui permettrait de mieux s'intégrer, alors même qu'il représentait un exemple presque parfait de l'ascenseur social emprunté par les Juifs au XIXe siècle : accès aux grandes écoles, à la scène littéraire, et parfois aux plus hautes fonctions symboliques – ce sera le cas avec l'entrée de Bergson à l'Académie française en 1914, premier Juif sous la Coupole.

Né dans une famille juive assimilée et bourgeoise, l'exact opposé de ma propre famille, il a vécu une enfance heureuse, moins pratiquante que marquée par des rituels (le père lit l'hébreu, prie chaque jour enveloppé dans son *talith* – châle de prières – et met ses *tefillin* – les phylactères attachés aux bras et à la tête –, les bénédictions sont prononcées à table, mais il travaille le samedi après la synagogue et, bien que l'on mange casher à la maison, des libertés sont prises dès que l'on en sort). Fleg fait sa bar-mitsva (cérémonie d'entrée religieuse dans l'âge adulte à 13 ans) mais ne comprend pas le texte de la *paracha* (texte de la Bible) qu'il lit, appris par cœur. Habité par une soif de sacré, il dit le soir une courte prière en hébreu que lui fait réciter la cuisinière catholique qui prend soin de lui mais il doute du sens qu'il faut donner à ces traditions transmises sans passion ni explication. Son rabbin le déçoit, qui ne le laisse pas parler, et il s'enferme de plus en plus dans une spiritualité sans assise ni direction.

Paradoxalement, c'est la rencontre avec le christianisme, dans la famille d'un camarade de classe qui deviendra plus tard professeur de théologie et pasteur, et à travers lui la découverte d'une autre communauté, d'autres usages religieux, qui va créer le premier appel d'air, rendant possibles l'invention de sa liberté et plus tard la réappropriation de son identité. Tombé amoureux de la sœur de cet ami, allant même assister au prêche du dimanche avec eux, se passionnant pour l'architecture des églises du Moyen Âge et pour la lecture du Nouveau Testament, il est envoyé par sa famille en Allemagne durant l'été 1892 pour un voyage de découverte culturelle, puis à Paris à l'automne de la même année. Une double préoccupation amena sans doute les Flegenheimer à l'envoyer dans la capitale française, puisqu'il s'agissait à la fois de l'éloigner de ces voisins qui commençaient à prendre une place trop grande dans sa vie et de répondre à l'évidence émancipatrice que leur promettait la France.

À 18 ans, il est libre d'envisager son avenir professionnel comme il l'entend. Si ses frères ont la vocation et le goût de succéder à leur père dans les affaires, Edmond n'est attiré alors ni par le commerce ni par les traditions, et ses parents, auxquels il continue d'écrire chaque semaine et qu'il revoit pendant les vacances, lui accordent la liberté de choisir sa voie : ce sera celle d'un intellectuel. Il intègre le lycée Louis-le-Grand, suit des cours à la Sorbonne en parallèle puis se présente à l'École normale supérieure de la rue d'Ulm où, d'abord refusé une première fois, il est admis onzième, en 1895, dans la section Lettres, à titre étranger – joie qu'il partagera avec son père venu lui rendre visite. Il n'est pas heureux dans cette école mais prépare en même temps une licence de lettres et de philosophie, puis l'agrégation d'allemand : refusé en 1899, il sera admis premier en 1900.

À l'époque, il écrit et publie, comme chroniqueur littéraire, dans des revues. Il ne s'engage pas dans le service de l'État, comme ce superbe cursus l'y préparait, car il goûte au style de vie *dilettante* de l'époque et seule l'écriture l'attire. Il reconnaît lui-même une certaine frivolité, s'intéresse à la peinture, à la musique, aux voyages, voit sa première pièce jouée au Nouveau Théâtre en 1904 et se complaît dans une attitude qu'il qualifiera d'esthète ou de fin-de-siècle. Il qualifie son égoïsme de transcendant et son attitude face à la vie n'est alors pas sans faire penser à celle des anarchistes individualistes fascinés par le philosophe Max Stirner (1806-1856), sa dénonciation des idéologies, son culte de la singularité papillonnante.

Menant une vie de dandy, il ne comprend d'ailleurs pas immédiatement ce qui se joue avec l'affaire Dreyfus. La prise de conscience intervient en fait à partir de 1896, accentuée par de multiples événements : la mort de son père, cette même année, crée une véritable rupture, au moment même où est publiée la brochure de Bernard Lazare « Une erreur judiciaire, la vérité sur l'affaire Dreyfus ». En 1897, il est envoyé à Leipzig pour perfectionner son allemand pendant une année universitaire et c'est à son retour qu'il envisage d'écrire une thèse de doctorat sur les origines et le développement de l'antisémitisme en Allemagne et en France au XIXe siècle. Alors qu'il observe l'affaire depuis l'outre-Rhin, Zola publie son « J'accuse… ! » en 1898 et Fleg suit le procès, signant des pétitions, réclamant à sa mère des livres sur les Juifs et l'antisémitisme : désormais, il n'en dort plus et se sent de plus en plus impliqué.

L'extraordinaire est qu'en parallèle de ces moments fondateurs, il poursuit sa correspondance avec celui qui restera son ami jusqu'à sa mort en 1932 : Lucien Moreau, l'un de ses condisciples à Louis-le-Grand, fervent admirateur de Maurice Barrès et proche compagnon de Charles Maurras – théoricien du nationalisme intégral, royaliste, fondateur de la Ligue d'Action française, antisémite convaincu qui rentrera pourtant à l'Académie française en 1938 avant d'en être radié par ordonnance en décembre 1944. Par leur échange épistolaire, Moreau et Fleg ne renoncent pas à leurs idéaux mais tentent de surmonter leurs profondes divergences pour maintenir entre eux une affection fraternelle : renonçant au dialogue, incapables de se persuader mutuellement, ils vont en revanche continuer de s'exposer leurs vues contraires et sauvegarder ainsi, de manière absolument baroque et peut-être exceptionnelle, une amitié qui contribue en profondeur à la construction intellectuelle de Fleg.

Car ces discussions, même à sens unique, même sous la forme de monologues, l'empêchent désormais de se voiler la face : Juif il est, Juif il restera, même et surtout aux yeux de ses meilleurs amis. Dès lors, la question juive lui apparaît pour ce qu'elle est – plus vivante, plus présente, plus contemporaine, plus urgente et plus inévitable que jamais. Il se sent impuissant, mais devine déjà que le pire est possible. Il n'y a plus qu'un choix possible : se renier ou plonger tout entier, commencer à lire, s'éduquer et se cultiver consciemment. Dreyfus est gracié par Émile Loubet le 19 septembre 1899, amnistié le 27 décembre 1900, mais ne sera pleinement réhabilité par la Cour de cassation, et réintégré avec les honneurs dans l'armée, qu'en 1906.

Dans l'intervalle, Flegenheimer, qui restera Fleg, est devenu un intellectuel juif à part entière, l'assumant et le revendiquant comme tel, féru de lectures de biographies d'écrivains juifs, notamment celles d'Israël Zangwill, auteur de *Rêveurs du ghetto*, proche de Theodor Herzl en 1895, et par lequel Fleg vient au sionisme.

On vient souvent à soi-même par des rencontres qui nous révèlent une facette de nous que nous ignorions, et si c'est le cas de Fleg avec cette rencontre littéraire, je suis devenu rabbin après avoir rencontré le directeur de l'École rabbinique, le grand rabbin Emmanuel Chouchena, qui portait un intérêt à tout et à tous. Sa curiosité et son attention à l'égard de chacun m'ont poussé à vouloir être ce qu'il était, rabbin.

En 1913, c'est Charles Péguy qui publie le premier volume d'*Écoute, Israël* dans les *Cahiers de la Quinzaine*. *Écoute, Israël*, comme l'ouverture de l'acte de foi *Chema Israël*, tout comme le titre de la revue du jeune rabbin Kaplan à Mulhouse, déjà évoquée, reprenant elle-même celui du grand rabbin Maurice Liber (1884-1956) qui voulait réunir le souffle de la France et le génie du judaïsme.

Quel est alors le rapport de Fleg à la tradition ? J'ai toujours été surpris que le même mot désigne des réalités si étrangement différentes dans le judaïsme et dans le catholicisme. Un catholique traditionaliste sera rigoureux, à l'excès même, enfermé dans ses traditions et ses rites, alors qu'un Juif traditionaliste ne conserve que de rares traditions et quelques rituels – comme si les traditions n'étaient que l'écho lointain d'une mémoire désuète et dépassée.

Ainsi s'explique que tant d'hommes ou de femmes se présentent aujourd'hui encore comme étant

« d'origine » juive et non, plus simplement, juifs – comme s'ils hésitaient à assumer un nom ou une mémoire familiale qui n'emportent plus, sans pratique ni affirmation, de véritable engagement. Être « d'origine juive », alors, c'est déjà ne plus être juif, c'est avoir abandonné une part de soi pour espérer être aussi français que les seuls Français, sans comprendre que le Français n'est grand que de la multiplicité des identités qu'il accueille et porte en lui – très précisément ce qu'a compris Manuel Valls, alors Premier ministre, lorsqu'il prononça ces paroles devant l'Hyper Cacher le 10 janvier 2015 lors du rassemblement d'hommage aux victimes de l'attentat terroriste dans lequel quatre Juifs venaient d'être assassinés *parce que* juifs : « La France sans les Juifs n'est plus la France. »

Comme pour Theodor Herzl (1860-1904), fondateur du mouvement sioniste, c'est l'antisémitisme qui fait prendre conscience à Fleg de ce que le Talmud, à sa façon imagée et lumineuse, a si tôt exprimé : ce n'est pas en étant moins juif que l'on sera plus français, mais bien en étant pleinement juif (ou catholique, protestant, musulman, bouddhiste, orthodoxe ou athée) que l'on peut être mieux français.

Le Talmud raconte ainsi l'histoire d'un renard qui aborde un poisson avec des paroles que Jean de La Fontaine n'aurait pas reniées :

> Mais que fais-tu dans l'eau ? Te rends-tu compte que tu risques d'être mangé par un plus gros que toi, ou de mordre à l'hameçon d'un pêcheur ? Viens me rejoindre sur la terre ferme, là tu seras en sécurité puisque je te protégerai.

Le poisson reste dans l'eau et, avec tout le bon sens de celui qui ne croit pas aveuglément tout ce qu'on veut bien lui raconter, lui rétorque :

> Est-ce bien toi que l'on appelle le plus rusé et le plus sage des animaux ? Si déjà dans mon élément je suis en danger, à plus forte raison hors de mon élément.

Quand notre élément est le judaïsme, se croire en sécurité en l'abandonnant ne peut être qu'erreur funeste : Fleg le perçoit enfin, et peut nous aider à le comprendre. Dès lors, il va avoir à cœur de tisser la trame et la chaîne de sa vie avec le fil de France et le fil juif, intimement entremêlés, entrelacés.

Rien ne sert de ne plus être soi pour être un autre soi-même. Fleg arrive à cette conclusion en observant le cas Dreyfus : il est à ses yeux l'archétype de ces Juifs tellement intégrés, assimilés qu'ils ne sont plus Juifs, mais Israélites, ou même parfois, « Français de confession mosaïque » ; marié certes à la grande synagogue de Paris, rue de la Victoire, mais suivant un cursus idéal d'intégration en passant par l'École polytechnique, l'engagement dans l'armée, l'École d'état-major. Et pourtant, son environnement ne le voit dans un premier temps que comme Juif.

Dans cette *France juive* d'Édouard Drumont (1844-1917), antisémite notoire, l'extrême droite ne veut voir que la main du complot juif dans chaque scandale : c'est ce temps si finement brossé par l'écrivain Christophe Donner dans *La France goy*, son ouvrage en forme de réponse au pamphlet de Drumont qui montre comment tous les antisémitismes ont failli coaguler et emporter la République. Ils y parviendront pour un temps, en 1940. Comme l'explique si justement Christophe Donner, il n'y a plus alors qu'un même front uni contre lequel lutter : le boulangisme, Drumont, Léon Daudet, Maurras et les Camelots du roi ont retrouvé les sources d'un vieil antisémitisme chrétien – tous se reconnaissent à la fois comme antisémites et donc ennemis de la République ou ennemis de la République et donc antisémites.

Mais en attendant, Fleg s'est engagé dans le combat pour la justice. D'après Catherine Fhima, c'est au moment de l'acquittement de l'officier Esterhazy en 1898, alors que tout le monde sait précisément ce qu'il en est depuis le « J'accuse… ! » de Zola, que Fleg reconnaît enfin la persistance d'un antisémitisme viscéral et signe la pétition en faveur du colonel Picquart comme un acte d'affirmation politique.

Fleg, à travers son amitié avec Lucien Moreau, ne fut pas lui-même complètement imperméable aux thèses nationalistes, ainsi qu'en témoigne sa correspondance. La haine de soi dans le judaïsme fut d'ailleurs théorisée par le philosophe allemand Theodor Lessing (1872-1933): c'est l'idée selon laquelle, comme c'est le cas de toutes les minorités, il arrive que certains Juifs intègrent les préjugés de la majorité, y compris l'antisémitisme. Pour Lessing, c'est donc une « souffrance de minorité ». Le concept apparaît en Allemagne comme un marqueur de l'assimilation totale de certains Juifs et comme le signe de leur volonté de couper tout lien avec leur communauté d'origine à laquelle, pourtant, la société les renvoie tout de même. Wittgenstein, fils d'un Juif tchèque, fera par exemple partie de ces intellectuels assimilés endossant eux-mêmes des préjugés antisémites jusqu'à se perdre entre culpabilité et masochisme dans un labyrinthe mental qui les conduira aux frontières de la folie.

Cette période ne va pourtant pas durer chez Fleg, qui n'a jamais véritablement perdu le contact avec la religion de son cœur et a même souscrit dès 1898 un abonnement à l'hebdomadaire *Die Welt*, fondé par Theordor Herzl. Surtout, il rencontre la même année Bernard Lazare (1865-1903), journaliste politique et écrivain anarchiste, théoricien du sionisme libertaire, auprès duquel il a sollicité un rendez-vous après avoir lu une phrase qui agit pour lui comme un révélateur dans cette période d'agitation et de doutes : « Le judaïsme est une nation. » C'est la sortie de l'individualisme – ou de la solitude – telle qu'il l'espérait. Devenu ami avec Lazare, il trouve sa voie et se rend même à Bâle en août 1899 pour assister au troisième congrès sioniste.

Dès lors, et même si le théâtre, inspiré par ses expériences d'occultisme, reste pendant quelques années au cœur de sa vie, il tente de concilier ses deux cœurs, juif et français, qui n'en font qu'un, de mêler la tradition française à celle d'Israël, sans renoncer à aucune. En 1908, c'est un nouveau sursaut qui va déclencher le tournant définitif et le début de l'œuvre juive à proprement parler : le premier numéro de *L'Action française* de Maurras est publié. Fleg le lit chaque jour, de plus en plus furieux, en colère, confronté à ses propres paradoxes, persévérant néanmoins dans son amitié avec Lucien Moreau, l'antisémite.

En décembre 1907, il s'est marié avec Madeleine Bernheim, cousine d'un ami normalien. J'ai retrouvé le dossier de mariage dans nos archives du Consistoire et il est bien lié par cette union à la religion de ses ancêtres. Le 6 octobre 1908 naît son fils Maurice : pour la première fois, le matin de la naissance, Fleg ne lit pas *L'Action française*. Il n'en rouvrira jamais un exemplaire. C'en est fini de la haine de soi. Désormais, au contraire, seule la transmission lui importera. Et comme pour transmettre il faut d'abord connaître, Fleg se lance dans plusieurs années de lectures intensives consacrées au judaïsme, à l'histoire du peuple juif et de sa littérature. Cette quête intime devient une quête universelle. Cette quête universelle est en quête d'un collectif : par elle, il retrouve la France et devient enfin Fleg : un Juif français, un Français juif. J'ai toujours voulu expliquer ma religion autour de moi et, pour cela, il fallait l'étudier et apprendre à la transmettre.

Il va, d'une certaine façon, réenchanter son attachement à sa foi, non plus simplement comme religion mais comme lien social, comme ferment de ce qui peut former un peuple sans jamais le couper de l'amour intangible pour la France, dont il reconnaît comme sienne chacune des fibres – des lieux, des héros, des moments d'histoire, dans leur gloire ou leur décadence –, chacun surtout des espoirs.

L'ÉTERNEL RETOUR À L'ÉTERNEL

Dans la vie de Fleg comme dans la mienne, les amitiés et l'amour constituent le socle de tout.

Il plonge dans l'histoire millénaire du judaïsme avec la lecture des *Prophètes d'Israël* de James Darmesteter et en ressort avec la conviction qu'il doit écrire et dédier à la mémoire de son père sa « légende des siècles » du judaïsme : ce seront les volumes en vers d'*Écoute, Israël* publiés entre 1913 et 1948.

À Normale, il a rencontré Charles Péguy, qui lui fait peur par son intransigeance – c'est seulement en 1912-1913 qu'il nouera une véritable amitié avec celui qui va, le premier, le publier dans ses *Cahiers de la Quinzaine*. Or, c'est déjà dans ceux-ci, largement ouverts aux auteurs juifs, qu'était paru le 30 octobre 1904 le récit intitulé *Had Gadia,* d'Israël Zangwill (1864-1926), écrivain britannique et théoricien du sionisme, qui le marque par la force de sa présentation d'un judaïsme qu'il ne connaît pas du tout mais qui lui semble si authentique. Fleg va pendant un temps entretenir avec lui une correspondance, qui lui écrit le 5 juillet 1919 : « Le monde a vraiment besoin de votre voix, de votre fantaisie créatrice. »

Revenons à ce texte de 1904 d'Israël Zangwill, auteur que l'on qualifie parfois de Dickens juif. *Had Gadia*, en araméen, se traduit par « un agneau » et se trouve être le chant le plus connu de la soirée de Pessah, la Pâque juive, le chant de la fin ultime du récit de cette longue nuit. Un père achète un agneau pour deux sous. Un félin vient et dévore l'agneau, puis un chien vient et dévore le félin, puis un bâton frappe le chien, puis le feu brûle le bâton, puis l'eau éteint le feu, puis le bœuf boit l'eau, puis l'abatteur rituel (*chohet*) sacrifie le bovin, puis l'ange de la mort se livre à son office sur le sacrificateur et enfin Dieu vient et terrasse l'ange de la mort.

Israël Zangwill reprend le principe de ce chant et raconte le rêve d'un écrivain en voyage à Venise, qui arrive sans prévenir chez ses parents, justement le soir de la fête de Pâque. Toute sa famille est présente pour vivre le récit de la sortie d'Égypte, selon la tradition. Il ne trouve pourtant pas sa place à la table familiale, ni à celle de l'histoire du peuple juif et, convoquant tous les points de passage des Hébreux, en Europe, en Palestine, dans le futur État d'Israël de Herzl, il ne trouve toujours pas sa place, ni dans l'affirmation de sa foi ni dans le rejet de celle-ci.

Déchiré entre fidélité impossible et reniement indésirable, Juif parmi les non-Juifs et pas assez Juif chez les Juifs, il finit par se suicider. Ses contradictions le tuent, comme toute une génération qui se confronte à la modernité sans vouloir ou pouvoir abdiquer sa foi. *Had Gadia* raconte en fait une histoire du monde dans laquelle chaque nation dévore une plus petite qu'elle avant d'être dévorée à son tour. Mais comme l'Éternel est le vainqueur final, Il sauvera Son peuple et nous installera en Terre sainte.

La traduction de ce texte eut un impact considérable sur tous les Français juifs qui ne savaient plus se positionner entre leur judaïté tenue à distance, mais à laquelle leurs contemporains les renvoyaient sans ménagement, et leur volonté de s'assimiler qui avait conduit nombre d'entre eux à esquiver le débat sur la culpabilité de Dreyfus en estimant qu'ils n'avaient pas à le défendre comme coreligionnaire.

Ce récit bouleverse Fleg, car il montre comment le judaïsme s'efface peu à peu de la vie de tant de Juifs, justement à l'heure où lui-même refuse de devenir un Juif transparent, absent à lui-même. Lorsque le jeune écrivain de la nouvelle de Zangwill arrive dans sa famille, ayant oublié que ce soir était « différent des autres soirs », comme nous le récitons dans le texte plurimillénaire, puisqu'il s'agit du repas de Pessah, il retrouve pourtant des réminiscences d'enfance : ces goûts, odeurs, plats et saveurs ; tout ce qu'Émeric

Deutsch, résistant juif hongrois à l'adolescence, sociologue et psychanalyste français de renom à l'âge adulte, qui fut aussi patron du premier grand institut de sondage français, et pour moi comme un père, appelait la « liturgie de la table », ce lieu de transmission par excellence.

Mais alors que nous retrouvons avec tendresse nos souvenirs d'enfance, le héros si malheureux de Zangwill est percuté par l'indigence de son ancrage dans sa propre culture. Le soir de Pessah, dans le rituel qui est celui de toutes les familles juives sous toutes les latitudes et dans toutes les traditions, nous présentons quatre enfants, le sage, le méchant, le simple et celui qui ne sait même pas poser de questions. C'est surtout l'allégorie de notre besoin de partager la table avec chacun et chacune malgré ou plutôt grâce à nos différences. Et puis nous sommes toujours le sage de quelqu'un et le méchant d'un autre tout en étant un peu niais sur certains sujets et incapable de poser la moindre question sur d'autres. Les quatre enfants… c'est nous dans notre recherche incohérente de cohérence. Mais lui, notre écrivain perdu, qui est-il – translucide et incapable de questionner le monde, ou méchant car absent à sa propre culture ? Quoi qu'il en soit, il voit bien dans le regard de son père que ce dernier « souffrait sans doute de voir le fils aussi indifférent aux traditions ».

Le grand rabbin Israel Meir Lau, qui fut grand rabbin d'Israël et dont je parlerai dans quelques lignes, m'avait expliqué un jour que les quatre enfants étaient comme l'enchaînement des générations : le sage a un enfant qui connaît tout mais ne fait rien, c'est le méchant. Celui-ci a un enfant qui est détaché de tout, c'est le simple qui fait juste ce qu'il a vu chez son grand-père, et ce simple a un fils qui ne sait même plus qu'il fut juif. Ainsi le héros de Zangwill tremble-t-il de devoir écrire la suite d'une histoire qui n'en est plus une, dont il ne connaît pas le futur puisqu'il en a oublié l'origine. Mais, de lui ou du père, qui est responsable ? Sa culpabilité est telle qu'il ne voit pas d'autre chemin que la négation de sa vie, au moment pourtant où se forge le peuple d'Israël, cette soirée de Pâque marquant la sortie d'Égypte, le devenir-nation d'un peuple d'esclaves qui invente son identité. Il ne peut même plus chercher en lui la force du repentir, cette capacité à revenir dans sa famille de foi, car il n'y a plus trace de judaïsme en lui.

Dans un article récent sur les relations avec les autres et la confiance en soi, on posait la question suivante au philosophe Charles Pépin : « L'injonction de l'époque n'est-elle pas plutôt d'aller chercher la force et les remèdes en soi ? » Il y répondait la chose suivante, contredisant ainsi la tendance de l'époque à la glorification du « développement personnel » :

Il y a cette idée que chacun de nous a en lui un diamant brut auquel il pourra toujours se référer… Mais je vais vous dire quelque chose de terrible : si on regarde au fond de soi de manière très attentive, on ne trouvera pas ce diamant. On ne trouvera rien – c'est ce que Sartre appelait le néant. Cela peut être très dangereux de conseiller aux gens de se centrer sur ce « moi », surtout lorsqu'ils sont en crise d'estime personnelle. J'aurais plutôt envie de les encourager à sortir d'eux-mêmes. Dans ce mouvement vers le monde extérieur réside le secret de la confiance, qui se nourrit de la confrontation à l'inconnu, à l'incertitude.

Avant lui, un magnifique philosophe juif, Vladimir Jankélévitch, l'avait exprimé dans *Quelque part dans l'inachevé*, méditation autour de la musique écrite sous forme d'entretiens :

> Ne vaut-il pas mieux laisser la conscience et les organes à leur véritable vocation qui n'est pas le repliement maniaque sur soi mais le don de soi et l'extroversion aventureuse ? La sérénité ne se trouve pas dans la conscience confinée mais dans l'élan de l'intention intransitive.

Ce qui est stupéfiant, c'est que Fleg et Jankélévitch ont habité à la même adresse, 1, quai aux Fleurs, comme si le souffle du judaïsme ne pouvait pas résider ailleurs que dans la proximité immédiate du génie de la raison universelle.

On ne peut se tourner vers les autres que si l'on a quelque chose en soi ; mais l'on ne trouve en soi que ce que les autres y mettent. C'est la dialectique éternelle de la transmission et de la réinvention de soi-même comme un autre.

DE L'ANTI-ANTISÉMITISME AU JUDAÏSME ASSUMÉ

Le monde d'Israël Zangwill est empreint d'une vision du judaïsme qui semble authentique à Fleg : c'est celle que les Français israélites ont plutôt rejetée lorsqu'elle est arrivée en France, venant des ghettos et des pogroms, des *yechivot* et des *shtetls*. Jacob Kaplan, futur grand rabbin de France, raconte comment les familles qui fuyaient l'antisémitisme, la pauvreté et la mort qui les menaçaient dans l'Est de l'Europe furent ostracisées et refoulées de trop de synagogues et de communautés françaises parce qu'elles renvoyaient à une image empreinte de misère que le franco-judaïsme de l'époque abhorrait, voulait absolument faire oublier et, plus que tout, ne jamais voir associée à lui.

D'anciens fidèles de ma communauté de Reims m'ont raconté comment les arrivées d'exilés de l'Est ou du Sud ont constitué des chocs… pas toujours fraternels au départ. Kaplan lui-même expliquait que, s'il avait tout mis en œuvre pour l'accueil des rapatriés d'Algérie, avec l'ensemble des institutions communautaires, c'était avant tout pour ne pas refaire les mêmes erreurs que lors de l'accueil des réfugiés de Pologne, de Lituanie et, dans une moindre mesure, d'Allemagne dans les années 1920 et 1930.

Or, ces parias juifs que Zangwill décrit constituent l'évidente antithèse à la théorie antisémite et complotiste qui se nourrit du fantasme des plus riches familles tenant entre leurs mains les destinées du monde et de la finance. Non, il y a eu et il y a encore des Juifs pauvres, besogneux, laborieux, qui souffrent comme tout le monde souffre. Aujourd'hui encore, ce préjugé absurde reste toujours aussi fort, au point que c'est mû par lui que l'assassin d'Ilan Halimi, en 2006, a affirmé que les Juifs avaient toujours de l'argent et que la famille du jeune homme payerait. C'était dans une famille modeste que la haine semait son chemin de mort.

Il est effarant que nous soyons obligés, en 2024, de dire et redire qu'il y a des familles dans le besoin au sein de la communauté juive, que nous évaluons même à 30 000 personnes. Lorsque le Fonds Social Juif Unifié lance sa campagne annuelle, beaucoup découvrent ce que Fleg avait vu en lisant l'œuvre de Zangwill : l'envers du décor bourgeois auquel il appartenait, ce prolétariat juif qui subit les mêmes difficultés que tous nos concitoyens dans la détresse.

J'ai un jour entendu une démonstration du grand rabbin Israel Meir Lau, alors qu'il était président de l'Institut Yad Vashem de Jérusalem, chargé de la mémoire de la Shoah et des Justes, correspondant très exactement à la prise de conscience d'Edmond Fleg. Mais d'abord, qui est ce rabbin Lau que j'admire et aime tant ?

Le 11 avril 1945, lorsque les troupes américaines ouvrent les portes de Buchenwald, elles découvrent l'horreur de ce camp où venaient d'échouer, après les fameuses « marches de la mort », les victimes survivantes du plus grand crime de l'histoire. Parmi elles, un millier d'enfants de moins de 18 ans. Geneviève de Gaulle-Anthonioz, qui venait d'être libérée de Ravensbrück, en parle à son oncle dès qu'elle en est informée, et le général de Gaulle décide de prendre en charge 426 de ces jeunes qui sont acheminés en France et confiés à l'Œuvre de Secours aux Enfants (OSE). Parmi eux, il y a Elie Wiesel, mon ami Élie Buzyn et... un jeune enfant de 7 ans et demi, Israel Meir Lau. Il est si petit qu'on ne trouve pas de quoi l'habiller à la libération du camp : on l'affuble d'un uniforme des jeunesses hitlériennes avec lequel on peut le voir sur les photos de Yad Vashem, à Jérusalem.

De France, sa famille le fait venir en Israël avec son frère. Il y étudie si bien qu'il devient grand rabbin de Tel-Aviv puis d'Israël, avant de présider avec une aura incomparable l'Institut Yad Vashem. Il m'a offert à son tour deux immenses leçons qui convergent avec ce qu'Edmond Fleg représente pour moi.

La première est que nous sommes tous des survivants de la Shoah. Y compris ceux qui sont nés après, bien après, même en 1963, et même ceux qui étaient sur des continents comme l'Amérique où il n'y avait pas de risques, et même les non-Juifs. L'obsession antisémite de Hitler était telle qu'il n'aurait jamais cessé de pourchasser tous les Juifs du monde, tous, et que s'il avait pu aller plus loin, son régime aurait sécrété une telle haine et une telle violence que tous auraient été atteints, tels les animaux malades de la peste de La Fontaine : « ils ne mouraient pas tous, mais tous ont été frappés ». Si Meir Lau est un survivant, car il a échappé directement à la machine de mort, nous sommes tous des survivants. Fleg parmi nous, qui perdit ses deux fils, en 1939 et 1940, l'un pour avoir été réformé, l'autre mort « en accomplissant vaillamment son devoir » ; Fleg qui se réfugia d'abord en zone libre puis, recherché par la police française, entra dans la clandestinité en 1942 avec sa femme dans la région de Lyon ; Fleg qui vit son beau-frère et sa belle-sœur arrêtés et déportés en 1943 à Auschwitz, d'où ils ne reviendraient pas, et qui vécut caché jusqu'à la fin de la guerre avec Madeleine. Cette leçon de survie irriguera toute son œuvre, comme son rapport au sionisme.

La seconde leçon du grand rabbin Lau est celle que Fleg découvrit à sa façon avec l'affaire Dreyfus : l'antisémitisme n'a besoin d'aucune justification dans le réel pour s'imposer à lui. Le grand rabbin Lau le racontait : dans la Pologne d'avant-guerre, de son côté de la frontière germano-polonaise, la population antisémite reprochait aux Juifs d'être pauvres, sales, sans éducation, ne parlant pas le polonais mais leur langue yiddish, de n'être qu'entre eux dans les *schtetls* – bref, de ne pas être polonais. Mais du côté allemand, juste de l'autre côté de la frontière, les mêmes antisémites reprochaient aux Juifs d'être riches, trop propres, avec des métiers intellectuels – avocats, médecins, universitaires, journalistes, scientifiques –, maîtrisant la langue et la culture allemandes mieux que la plupart de leurs concitoyens, bref, d'être plus allemands que les Allemands. Malgré des raisons diamétralement opposées, les antisémites de part et d'autre éprouvaient la même haine contre les Juifs, qui aboutirait au même tragique naufrage de cette civilisation humaniste en laquelle croyait encore Stefan Zweig.

Fleg parcourt le même chemin, typique des intellectuels juifs de sa génération, et finit par comprendre que ce n'est pas en cherchant une quelconque raison logique à l'antisémitisme qu'on peut espérer régler un jour la « question juive », mais au contraire en assumant et en transmettant le judaïsme, son espérance et sa foi. Ce ne sont pas les antisémites qu'il faut convaincre ou convertir, c'est peine perdue, mais plutôt tous ceux qui n'ont pas encore été entraînés, happés par la recherche d'un sujet pour nourrir une spirale de haine.

C'est ce rapport paradoxal à l'existence, fait d'espoir et de désespérance, de foi et de rejet de Dieu, de confiance dans la vie et de méfiance envers l'humanité que racontaient les « Enfants de Buchenwald ». Certains détestaient cette formule, les « Enfants de Buchenwald », qui occultait leurs familles disparues, leurs racines, leur histoire, et les faisait héritiers d'une atrocité qui leur fut imposée. Mais leur destin partagé eut la grandeur des histoires qui survivent à la tragédie pour raconter la possibilité d'un autre avenir.

J'ai eu le grand privilège de connaître une partie de ces enfants qui ont survécu et surmonté, inventé et réinventé leur vie, souvent grâce à l'OSE, qui les prit en charge à leur retour, j'ai eu la chance de les côtoyer, de les aimer, car j'ai intégré le conseil d'administration de cette extraordinaire association. Élie Buzyn, qui m'accompagnait dans tous mes voyages à Auschwitz, m'a protégé de la violence du lieu par son humanité et sa confiance en nous tous. J'aimais, sans l'avoir connu, son grand-père à la barbe impressionnante et aux yeux si lumineux dont il avait toujours la photo sur lui, preuve vivante de la victoire ultime de celui qui avait été assassiné dans les chambres à gaz.

On oublie parfois que Shylock, le prêteur à gages du *Marchand de Venise* de Shakespeare qui deviendra l'une des figures caricaturales de l'antisémitisme, offre aussi une tirade exemplaire : « Un Juif n'a-t-il pas des yeux ? Un Juif n'a-t-il pas des mains, des organes, des dimensions, des sens, des affections, des passions ? N'est-il pas nourri avec la même nourriture, blessé par les mêmes armes, exposé aux mêmes maladies, soigné de la même façon, dans la chaleur et le froid du même hiver et du même été que les Chrétiens ? » (Acte III, scène 1).

C'est en reprenant à leur compte cette évidence que tous les survivants, comme le grand rabbin Meir Lau, le chirurgien républicain Élie Buzyn, le Prix Nobel de la paix Elie Wiesel et l'académicienne Simone Veil, vont n'avoir de cesse de répéter que toutes les sociétés laissant prospérer l'antisémitisme finissent par pourrir de l'intérieur ; que ce qui s'attaque d'abord aux Juifs n'est jamais que la première forme d'un poison plus insidieux qui pénètre l'organisme tout entier. Que l'indifférence de tous les témoins passifs de ce massacre, cet abandon de l'autre, est le summum de la haine, ou plus précisément, comme le disait Elie Wiesel, que « l'inverse de l'amour n'est pas la haine, c'est l'indifférence ».

Fleg, l'ayant compris avant même que la grande Histoire ne le rattrape, ne l'oubliera plus. Il sait qu'il faudra bientôt combattre pour défendre l'idéal républicain, et ce n'est pas un hasard si, à la veille de la Première Guerre mondiale, il aime retrouver ses amis Henri Franck ou André Spire dans la maison de Neuilly de ce dernier, où ils s'entraînent à l'escrime et au tir.

LÉGIONNAIRE, JUIF ET FRANÇAIS

En 1914, Edmond Fleg a 40 ans. Il n'est pas encore officiellement français mais il vit en France depuis vingt ans. Il est père de deux très jeunes enfants – Maurice, donc, né en 1908, et Daniel, en 1913. Il a été tenté par le sionisme, on l'a vu, mais comme une échappatoire à l'assignation antisémite. Il n'envisagera d'ailleurs jamais d'aller vivre en Terre sainte, car la France est sa terre sainte à lui, celle où il a toujours cru pouvoir vivre libre – cette vision du franco-judaïsme est majoritaire parmi les Juifs français, y compris parmi les rabbins (à l'exception notoire de Jacob Kaplan, grand amoureux de la France mais rêvant d'un retour des Juifs sur leur terre, poussé en cela par son beau-père Lazare Dichter). C'est la position de Fleg et de Kaplan qui fait encore aujourd'hui la spécificité de notre pays : profondément français et profondément attaché à Israël.

Ainsi l'ai-je toujours ressenti : je suis juif (ce qui est mieux lorsqu'on est rabbin !), mais je suis perçu surtout et peut-être avant tout comme français en Israël, aux États-Unis, au Canada et dans tous les pays où notre culture est une référence. C'est ce qu'Edmond Fleg a sans doute ressenti lors du Congrès sioniste auquel il avait assisté. Son sentiment français, construit et mûri au contact de son milieu parfois antisémite autant que de ses coreligionnaires, est en fait profondément républicain.

Edmond Fleg, comme le définissait Bernard-Henri Lévy, est un « intellectuel qui naît, qui grandit, qui s'inscrit, dans un monde très spécial qui s'appelle le franco-judaïsme ». Ce mouvement du franco-judaïsme qui, pour moi, est personnifié à la perfection par le grand rabbin Jacob Kaplan, a de nombreux pères et Fleg est incontestablement l'un d'eux. Le Consistoire, voulu par Napoléon mais défendu par la communauté juive depuis deux cent seize ans, est l'incarnation institutionnelle de ce franco-judaïsme qui fait se rencontrer la vocation de la France et celle du judaïsme dans un même souffle, dans une même espérance. Il faut lire les textes des rabbins durant la Première Guerre mondiale pour comprendre que, pour eux, la France, c'est Jérusalem, l'Israël biblique, et l'Allemagne, l'orgueilleuse Babylone. Et à la fin, c'est dans la Bible, la France l'emporte.

Mais Fleg n'est pas juste un Français israélite, il est un Français juif. Oui, juif, comme le revendiqua le grand rabbin Kaplan lorsqu'en 1952 le président du Consistoire de Paris s'insurgea du fait que certains rabbins osaient utiliser ce terme de « juif » en chaire, ce qui « était la terminologie de Vichy ». Kaplan lui répondit, et le procès-verbal du conseil d'administration est terriblement clair, qu'il n'y avait aucune honte à être juif.

Fleg fut de ceux qui ouvrirent la pensée universelle, et peut-être plus spécifiquement française, à la sagesse du judaïsme, et pas uniquement avec la Bible, mais avec le Midrash et le Talmud. C'est avec lui, assurant la leçon d'ouverture, que Levinas et Halpérin vont lancer en 1957 le Colloque des intellectuels juifs de langue française, qui façonna le renouveau du judaïsme intellectuel français d'après-guerre.

Mais nous n'en sommes pas encore là. N'étant pas encore citoyen français, Fleg ne peut s'engager que dans la Légion. Il incarne alors l'essence de ce corps d'élite qui fait de tous les hommes perdus, ou qui croient l'être, la pointe de la flèche de l'engagement pour la France et ses valeurs. Il est français mais pas encore fils de France et il veut désormais le devenir au prix de son sang, si besoin, comme près de 10 000 Juifs étrangers le font alors, rédigeant même un appel commun au devoir.

À peine mobilisé, il apprend qu'on veut l'affecter au 66e régiment d'infanterie de Tours, dans un bureau d'état-major à l'arrière. Intensément déçu, il demande au commandant puis au capitaine à partir avec le bataillon de marche du 11e étranger, et finit même par téléphoner au ministère pour plaider sa cause. Se battre oui, mais alors au front. Il lui paraît inconcevable de ne pas être exposé aux pires dangers. In extremis, il sera finalement affecté aux avant-postes, à Blois, où pleuvent les obus. Sa correspondance témoigne de son sang-froid, de son engagement et de la révolution intérieure qu'il vit alors – prêt à mourir, il est plus vivant que jamais. Il survit, son poste n'impliquant par chance pas de sorties pendant les assauts hors des tranchées.

Le 10 octobre 1915, il reçoit la Croix de guerre après l'offensive en Champagne : « Edmond Fleg, engagé volontaire pour la durée de la guerre, agent de liaison actif et courageux, a toujours rempli avec intelligence et dévouement les missions qui lui ont été confiées, quelle que soit la violence du feu et du danger à courir. » En mai 1916, il est détaché à l'état-major du ministère de la Marine à titre temporaire comme interprète pour la langue allemande.

Au milieu des combats, pendant les longues heures d'attente, il continue d'étudier l'hébreu, de lire la Bible, d'écrire – des lettres, des poèmes. Plus que jamais, il s'interroge sur la place des Juifs et d'Israël dans le monde. Il a le sentiment d'une véritable solidarité, confraternité humaine qui se noue au contact des camarades et devant la mort. C'est juste après la guerre, en 1919, qu'il rédige sa pièce *La Maison du Bon Dieu*, dans laquelle il réunit trois aumôniers d'un même régiment – le curé, le pasteur, le rabbin –, auxquels se joint un soldat musulman, se donnant enfin la main sous la commune menace du feu, message d'unité et d'espérance tiré d'une réelle expérience, celle d'un thé partagé avec les aumôniers et sa femme Madeleine en pleine guerre. Le prêtre Goëllo y remarque que les religions n'ont pas toujours su vivre en paix, et pourtant... : « Nous voici réunis autour de cette table. Et l'on a vu un curé bénir des Protestants qui marchaient au canon, un pasteur réciter les prières hébraïques auprès d'un Juif mourant, et sur les lèvres d'un Catholique à l'agonie, un rabbin poser le crucifix. La guerre maudite a fait cela. Ce que la guerre a fait, la paix ne doit point le défaire. »

La pièce sera jouée en octobre 1920 et rencontrera le succès.

En 1917, il a aussi adhéré à la Ligue des amis du sionisme, créée par André Spire, où il retrouve de proches amis qui fonderont plus tard, en 1925, le Fonds national juif. Mais il est proche aussi de Sylvain Lévi, spécialiste de l'Inde et plus largement de l'Asie, alors président de l'Alliance Israélite Universelle et profondément sceptique à l'égard du sionisme tant il est attaché à l'idée d'un judaïsme français – le nationalisme juif lui paraît alors en contradiction avec le nationalisme français qu'il entend bien cultiver, au nom des valeurs universelles. Fleg témoigne pourtant de son désaccord avec lui en 1919, estimant que la voie de l'assimilation ne peut et ne doit pas conduire à l'oubli des traditions.

C'est au même moment, mi-janvier 1919, qu'il demande officiellement sa naturalisation, qu'il acquerra en 1922 : il a gardé son pseudonyme littéraire, Fleg, comme nom officiel. Il entre dans l'Association des Écrivains Combattants, il est fait chevalier de la Légion d'honneur et il sera désormais indistinctement et tout ensemble, sans jamais choisir car le choix pour lui n'a pas lieu d'être, Français juif et Juif français.

LE TEMPS DE LA RECONNAISSANCE

Lorsque j'ai eu la chance, grâce à la directrice du Service historique de la Défense, d'accéder au dossier militaire d'Edmond Fleg, il m'a semblé recevoir un très beau cadeau. D'autant que, dans le même message, elle m'informait de l'existence d'un dossier de naturalisation aux Archives nationales. Quelques messages plus tard, je reçus, numérisé avec beaucoup de diligence et recueilli le cœur battant, l'intégralité du dossier 38535 X14.

S'il s'agit bien d'un tampon X14, comme 1914, c'est en référence à une loi de cette année-là qui l'autorisa à postuler – mais il ne sera naturalisé par décret que le 22 décembre 1922. Huit ans, dont quatre de guerre, pour démontrer son plein dévouement à la France. En novembre 1927, il écrira à la Chancellerie pour renoncer officiellement à sa nationalité « genevoise », comme il le précise, et non suisse.

Edmond Fleg s'acquitte de tous les droits de sceau, de toutes les taxes, de tous les frais d'enregistrement et d'expédition. Ce qui est passionnant lorsque l'on feuillette ces pages jaunies par le temps, c'est le caractère à la fois précautionneux, pointilleux, du suivi du dossier et toutes les remarques scrupuleusement notées sur l'avancement de sa demande.

Ainsi, le 13 décembre 1921, peut-on lire :

> Le préfet de police confirme les bons renseignements déjà recueillis et émet un avis favorable. Le postulant, sur l'invitation de la Chancellerie, a confirmé la qualité de Français de ses enfants.
>
> Casiers négatifs.
>
> Proposition de naturalisation Flegenheimer et de réintégrer sa femme après versements des droits entiers.

La question de la citoyenneté de ses enfants, nous le verrons, posera toutefois problème.

En marge du document, il est précisé et souligné :

> Croix de guerre, Légion d'honneur

Ces appréciations élogieuses ne dispensent pas son épouse de demander elle aussi un extrait de son casier judiciaire.

Le ministère de la Justice exige, comme toujours, un état des services militaires d'Edmond et c'est un résumé extraordinaire qui est envoyé.

Nous apprenons ainsi qu'il est né le 26 novembre 1874 à Genève, qu'il dépend du bureau de recrutement de Tours, qu'il est agrégé de lettres, jusque-là peu de surprises, mais aussi qu'il mesure 1 mètre 66, ce qui nous permet de mieux imaginer sa silhouette. Il est engagé volontaire pour la durée de la guerre à compter du 22 août 1914. Ses campagnes sont inscrites, ses affectations aussi, jusqu'à sa promotion en qualité d'interprète stagiaire, puis sa mutation au cabinet du ministre. Ses campagnes s'échelonnent donc du 22 août 1914 au 11 janvier 1915. Une citation importante apparaît, si importante que je la cite à nouveau tant elle est forte :

> A été cité le 10 octobre 1915 à l'ordre du régiment pour : Engagé volontaire pour la durée de la guerre. Agent de liaison actif et courageux, a toujours rempli avec intelligence et dévouement les missions qui lui ont été confiées quels que soient la violence du feu et les dangers à courir.

Dans une lettre de novembre 1921, le préfet de police de Paris fait procéder à une nouvelle enquête de moralité. Après les détails familiaux, nous apprenons qu'il habite au 1, quai aux Fleurs, depuis quatorze ans, pour un loyer de 9 000 francs qu'il paye régulièrement. Il gagne environ 100 000 francs par an. Il a satisfait à la loi militaire suisse et a été exempté en payant une taxe en tant que résident à l'étranger. Engagé volontaire, on l'a dit, il est démobilisé comme sous-lieutenant le 11 janvier 1919. Il est titulaire de la Croix de guerre et de la Légion d'honneur (Journal officiel du 27 avril 1921).

Le préfet de police émet enfin un avis favorable à sa naturalisation.

En fait, Fleg ne l'a véritablement sollicitée que deux jours après sa démobilisation, le 13 janvier 1919. Dans cette lettre où il raconte ses engagements pour la France, il mentionne quatre référents :

- Le lieutenant de vaisseau Cayrol, de l'État-major général de la Marine
- Le grand rabbin Israël Lévi, 54, rue Labruyère
- Tristan Bernard, auteur dramatique
- Lucien Herr, bibliothécaire de l'École normale Supérieure

Autrement dit, un militaire qui l'a connu, qui fut blessé au combat, cité à l'ordre de l'armée navale pour des faits de bravoure et reconnu comme un chef hors pair ; un religieux, en l'occurrence le grand rabbin de France ; un écrivain au talent incomparable pour les mots d'esprit, passionné de vélo et parmi les premiers contributeurs du *Canard enchaîné* ; enfin un intellectuel érudit, fonctionnaire de l'Éducation nationale, figure mythique de Normale sup. Comment être plus et mieux adoubé que par ces figures républicaines par excellence ? L'armée, la foi, la littérature et le service public se portant garants de son intégrité et de sa valeur, Fleg peut être fier, et c'est sans doute aussi ce qui le conduit alors à ne plus différer le moment de la reconnaissance tant attendue – l'homme qu'il est enfin devenu coïncide avec celui qu'il a rêvé d'être.

La Marine répond que Fleg a servi avec « un zèle constant, une abnégation sans limite qui lui ont acquis l'estime et l'affection de ses chefs. [...] Le loyalisme parfait de M. Fleg ne fait pour moi aucun doute et j'appuie très chaudement auprès de vous sa demande de naturalisation », ajoute même l'officier. Très sincèrement, lorsque j'ai lu cette appréciation, je me suis félicité du chemin parcouru par l'armée depuis l'affaire Dreyfus : plus l'ombre du moindre soupçon d'infidélité à la France que l'on aurait « conclu de sa race », comme le clamait Maurice Barrès à propos de Dreyfus.

Ce qui est étrange, c'est que Madeleine, l'épouse d'Edmond, fut obligée de demander sa *réintégration* dans la nationalité française, bien que née française à Toul en 1887. Nous n'en savons pas davantage sur ce point précis.

Dans un autre document, nous apprenons que Fleg a une attitude politique « correcte » et qu'il a perdu tout esprit de retour dans son pays. Mais un point continue de chagriner l'administration : Fleg refuse d'imposer la nationalité française à ses deux garçons et préfère leur laisser le choix à la majorité. On le convoque alors « pour lui expliquer qu'il était d'usage à la Chancellerie d'inviter les étrangers en instance de naturalisation à assurer définitivement la qualité de Français à leurs enfants mineurs nés en France ».

Fleg répond le 1er juin 1920 par lettre « qu'il ne croit pas pouvoir priver ses fils d'un libre choix à leur majorité et il suppose que, dans ces conditions, l'entrevue est sans objet ». Face à cette réponse courageuse et sans ambiguïté, le chef de section, tout en reconnaissant l'engagement sans faille de Fleg pour la France et la filiation française par leur mère de ses deux fils, estime que s'il veut les laisser choisir, c'est peut-être pour qu'ils échappent aux obligations militaires : il décide, le 3 juin 1920, d'ajourner purement et simplement sa demande.

Il faudra plus d'un an et sa nomination dans l'ordre de la Légion d'honneur pour qu'il relance la procédure. Le 6 octobre 1921, il estime « qu'il n'a plus lieu d'attendre davantage ». Anticipant sur sa demande de transformation du nom de Flegenheimer en Fleg, il écrit au ministre pour lui faire la demande suivante : « voir, dans mon acte de naturalisation, mon nom suivi de la mention : dit Fleg. C'est sous le nom de Fleg que je suis généralement connu, c'est sous ce nom que j'ai signé mes quelques œuvres littéraires et il figure, du reste, dans tous mes papiers militaires français. »

Et il ajoute avec une sorte de fierté du parcours qui est le sien pour la France :

– Je serais heureux aussi que l'acte de naturalisation portât mes titres ci-dessous, qui ont motivé ma demande.
– Engagé volontaire pour la durée de la guerre
– Titulaire de la Croix de guerre et de la Fourragère
– Ancien élève de l'École normale Supérieure
– Agrégé de l'Université
– Homme de Lettres

C'est peut-être le portrait, ou plutôt l'autoportrait, le plus juste qui puisse être fait de lui. Et qui ne peut que me conforter dans l'admiration profonde, faite de compagnonnage et de complicité, que je lui porte.

RÉPUBLIQUE ET JUDAÏSME, UN SEUL COMBAT

Le judaïsme que professe Fleg, et nous pourrions même parler pour lui de retour au judaïsme tant il s'en était éloigné, se teinte à l'évidence d'un messianisme républicain. Si les valeurs de la République sont enfin universelles, alors ce seront bien les temps messianiques annoncés aussi bien par la Révolution que par les Écritures. Les idéaux républicains n'auront été que le vecteur choisi par le Dieu d'Israël pour libérer son peuple, depuis le 27 septembre 1791, et libérer le monde, comme le laisse supposer l'espoir de l'après-Première Guerre mondiale.

Fleg ne recherche pas un judaïsme du quotidien dans son respect des 613 commandements. Car oui, il y a bien 613 commandements dans le judaïsme, mais qui peut prétendre les accomplir tous ? Fleg cherche plutôt une réponse à l'antisémitisme qui le force à trouver une place pour les Juifs dans l'histoire du monde. Le rôle qui leur est dévolu est celui des poseurs de questions – de bombes conceptuelles, si l'on veut –, qui forcent le doute à s'insinuer partout où les certitudes trop tôt acquises peuvent scléroser la pensée.

Il ne veut ni d'un judaïsme qui se nie sous prétexte d'assimilation, ni d'un judaïsme qui s'enferme dans la rigueur de sa pratique : il rêve d'un judaïsme qui s'ouvre au monde, qui lui parle et se nourrit de lui comme il le féconde. Ce judaïsme de la transmission plus que de la mémoire est aussi celui du grand rabbin Jaïs, ancien grand rabbin de Paris : « est juif celui dont les petits-enfants sont juifs ». L'enjeu, pour Fleg, est bien celui des générations à venir.

Le soir de la fête de Pessah, Pâque qui nous rappelle la sortie d'Égypte, nous enseignons justement à nos enfants à poser des questions. « *Ma Nichtana halayla hazé mikol halelot ?* » « Quelle différence y a-t-il entre cette nuit et toutes les autres nuits ? »

Et toute la soirée qui raconte l'épopée des Hébreux, en débutant très en amont de l'esclavage, est rythmée par le questionnement. Oui, très jeunes, les enfants juifs savent qu'un bon élève n'est pas celui qui donne les bonnes réponses, mais celui qui pose les bonnes questions.

Pour Fleg, le judaïsme doit poser des questions au monde, c'est même la mission sacrée pour laquelle il accepte tous les sacrifices. Il le dit avec une formule très juste : « Sans l'inquiétude d'Israël, que deviendrait l'humanité ? » Le mythe dévastateur du Juif errant, condamné à l'exil éternel par l'antisémitisme chrétien pour n'avoir pas reconnu Jésus comme le messie, est repris par lui positivement, pour en faire celui qui va de porte en porte, de ville en ville et de continent en continent pour annoncer la victoire de l'humanisme, de la Liberté, de l'Égalité et de la Fraternité.

Dans son théâtre, dans sa poésie, dans ses biographies de Moïse et de Jésus, Fleg cherche toujours à raconter un judaïsme vivant, en quête de sens, acteur et actif dans l'Histoire, susceptible de changer le cours du monde par sa manière de le percevoir et de le penser. Mais parallèlement à tous ses travaux, Fleg accumule aussi, en érudit, tous les textes qui lui importent au fil de ses lectures : ce sera l'extraordinaire *Anthologie juive*, un texte d'hommage exceptionnel à tous ceux qui ont si bien dit ce qui devait l'être. Ce livre, qui reste un modèle pour moi, j'ai à ma manière su le réinventer et le transmettre à mon tour.

Mettre en écho la Bible, le Talmud, les penseurs d'Espagne, de Pologne, de Russie, de Provence, de Troyes, les poètes d'Orient et d'Occident, les savants et les rêveurs, les philosophes et les romanciers, les Juifs et les non-Juifs – car ces derniers peuvent aussi porter témoignage sur ce qu'est Israël –, trouver un fil directeur à des écrits disparates mais qui décrivent tous une facette du judaïsme, voilà ce qu'est cette anthologie : une sorte de dictionnaire amoureux du judaïsme cent ans avant le très beau texte que livrerait Jacques Attali.

Le grand rabbin Jacob Kaplan, lui aussi, avec ses *Témoignages sur Israël* en 1938, a repris des extraits des grands écrivains français attachés au judaïsme et conçu ainsi sa propre anthologie. De mon côté, j'ai presque réalisé ce rêve à deux reprises.

Tout d'abord, lorsque l'Alliance Israélite Universelle a décidé de concevoir une nouvelle anthologie et que son directeur général m'a demandé de réviser les épreuves de l'ouvrage afin de voir s'il ne manquait pas un texte, en particulier dans la partie rabbinique. J'ai vécu cela comme une grande responsabilité envers chaque auteur de la *Michna*, du Talmud, envers quasiment tous les rabbins présents dans les *Maximes des Pères*, cette sorte de livre de l'Éthique juive, qui auraient tous pu être légitimement cités dans cet ouvrage.

Ensuite, quand j'eus un jour, par le hasard de mes rencontres avec des conseillers politiques, l'occasion de concevoir une sorte de « triple anthologie ». C'était Henri Guaino, cet homme si fin et si cultivé, si curieux de tout et si ferme dans ses convictions, doté d'une écriture d'exception, qui retrouvait alors l'Élysée du président Sarkozy pour y devenir sa plume inspirée. Lorsque le président de la République commença à organiser son voyage en Israël, Henri Guaino travaillait sur le projet de discours présidentiel à la Knesset, le parlement israélien, et voulut y réfléchir avec moi. Alors que nous tentions de définir l'essence du judaïsme, Henri me demanda de lui trouver des textes explicatifs. « En deux, dix ou quarante pages ? » lui demandai-je alors. Il me répondit : « Les trois. »

Quelques jours plus tard, je lui envoyai trois versions de ma propre anthologie, qui comprenaient, chacune, un extrait plus ou moins long de *Pourquoi je suis Juif*, de Fleg. Henri Guaino sut s'inspirer de ce modeste travail pour proposer au président le début de son discours, celui qui retraçait sa vision du judaïsme dans le monde, et de ce qu'Israël en tant qu'État signifiait pour l'ensemble des Nations.

Mais personne n'a rédigé d'anthologie sur le judaïsme plus inspirée que celle d'Edmond Fleg, car il ne s'est pas contenté de recenser : il a cheminé, cherché, rêvé avec les textes qu'il nous propose. Son anthologie a nourri son histoire du judaïsme depuis la création du monde jusqu'à celle de l'État d'Israël en forme poétique : *Écoute, Israël, L'Éternel est notre*

Dieu, L'Éternel est Un et enfin le dernier volume qui reprend la suite du texte du Deutéronome, *Tu aimeras l'Éternel*. Les quatre volumes de cette œuvre suivent le début de la profession de foi dans le judaïsme, cette phrase que l'on récite à l'office du matin et à l'office du soir, cette même phrase que l'on murmure à l'oreille des mourants afin qu'elle les accompagne dans l'au-delà, ce même paragraphe qui orne les linteaux des portes de nos maisons : « *Chema Israël, Adonaï Elohenou, Adonaï Ehad* », « Écoute Israël, le Seigneur est notre Dieu, le Seigneur est Un ». Ce qui frappe dans ce chef-d'œuvre, et que l'on s'explique mieux en connaissant son anthologie, c'est l'extraordinaire connaissance du Talmud et des sources rabbiniques qu'a Fleg.

Dans sa pièce de 1925, *Le Juif du pape*, il place tout à la fin de son texte, dans la bouche de Molco, le Juif qui vient présenter sa foi au souverain pontife, cette espérance messianique :

Il faut ne se lasser d'aucune lassitude :
Quel que soit le chemin, la lumière est au bout.
Marchons donc vers ce jour que l'ombre balbutie,
Jour futur, dont le présent se souvient :
Chaque heure de la nuit en fait la prophétie,
Car la nuit la plus noire est une aube qui vient !

Et lorsque le Juif errant entre et vient prendre Molco pour ressortir, le pape, resté seul, dit : « Attendons le retour du Messie », comme si l'espérance absolue des Juifs le poussait à retrouver sa propre foi et sa propre espérance.

Oui, les Juifs chantent *Ani Maamine*, ce chant qui clame notre capacité à toujours attendre : « Je crois, je crois avec une foi totale en la venue du Messie. Et même s'il tarde, je l'attendrai, chaque jour, chaque jour, j'attendrai sa venue. »

C'est ce chant si puissant, résonnant au cœur des ténèbres, qui nous accueille dans le bouleversant pavillon israélien à Auschwitz. Cette attente, y compris dans la nuit la plus noire, est en fait le cœur de l'espérance juive. Mais pas une espérance passive, ce que comprend Fleg qui fait de l'action le moteur de la venue du Messie. Non seulement il ne faut pas l'attendre sans agir, mais il faut plus : réparer le monde, le préparer afin de forcer le Messie à venir. Vite.

Et pour cela, dans *La Maison du Bon Dieu*, Fleg fait dire au rabbin Segal échangeant avec le prêtre et le pasteur :

> Mais dans notre petite communauté, si votre tempérament représente surtout la foi, mon cher Goëllo [prêtre], et le vôtre, mon cher Martigue [pasteur], surtout l'espérance, je voudrais être surtout la charité.
>
> [...] Je dis avec Job : « ne cherchons pas à comprendre », et j'ajoute avec tous nos prophètes : « aimons-nous les uns les autres ».

Cette espérance, cette foi, cette charité, seules à même de transformer le monde et de faire advenir le temps du Messie, sont comme l'écho d'un texte de Charles Péguy qui a justement décrit cette attention divine.

Il nous rapporte en 1912, dans *Le Porche du mystère de la deuxième vertu*, les sentiments de Dieu devant la manière dont l'Homme assume son existence sur la Terre. Partant des trois vertus théologales prônées par le christianisme (la Foi, l'Espérance et la Charité, que nous partageons d'ailleurs dans le judaïsme), il souligne que la Foi et la Charité sont claires, car ancrées dans le présent, le réel, l'évidence du bon sens. En revanche, l'Espérance des hommes en Lui demeure pour Lui, pour Dieu Lui-même, un mystère, une source d'étonnement.

> La Foi est une épouse fidèle, la Charité est une mère. Une mère ardente pleine de cœur. Ou une sœur aînée qui est comme une mère. L'Espérance est une petite fille de rien du tout. […] C'est cette petite fille pourtant qui traversera les mondes. Cette petite fille de rien du tout. Elle seule, portant les autres, qui traversera les mondes révolus.

Nous pouvons déduire de ce texte que l'Espérance est fille de la confiance en l'avenir, de la confiance en Dieu, de la confiance en l'Homme et peut-être, surtout, de la confiance en soi.

N'est-ce pas aussi ce qui anime Job, alors que tout semble s'écrouler autour de lui ; n'est-ce pas ce qui est moteur chez Tristan Bernard, l'auteur dramatique, arrêté parce que Juif, qui disait le jour où il fut interné à Drancy : « Nous vivions dans l'angoisse, désormais, nous vivrons dans l'espoir » ? N'est-ce pas ce qui sauve et élève tous les suppliciés du monde et de tous les temps, pour qui l'Espérance est le chemin de la Liberté, qui les rend plus vivants que les certitudes les plus éhontément absolues de leurs bourreaux ?

L'Espérance seule permet à l'homme de résister même quand il a tout à perdre, de se lever contre le pouvoir même quand il gagnerait tout à s'asseoir, de parler même quand il lui faudrait se taire. Et de chanter, ou d'écrire, ce qui revient au même pour les poètes.

C'est Péguy, encore, qui le dit si bien :

Mais l'espérance, dit Dieu, voilà ce qui m'étonne
moi-même.
Ça c'est étonnant.
Que ces pauvres enfants voient comme tout ça se passe
et qu'ils croient que demain ça ira mieux.
Qu'ils voient comme ça se passe aujourd'hui
et qu'ils croient que ça ira mieux demain matin.
Ça c'est étonnant et c'est bien la plus grande merveille
de notre grâce.
Et j'en suis étonné moi-même.

Dieu s'émerveille Lui-même de ce que la grâce divine suscite chez l'Homme, « ce pauvre enfant » : la capacité de penser au lendemain sans crainte, et surtout avec la conviction que ces lendemains « chanteront », en un mot la capacité d'espérer.

C'est bien ce qui fait avancer l'Homme, l'aptitude à se projeter dans l'avenir, à travailler pour améliorer son destin, à agir pour ce que nous appelons en hébreu *tikoun olam*, la réparation du monde. Sans cette capacité, sans cet espoir, sans cet avenir, sans le mystère de l'avenir, que serions-nous ? « Ton espérance, n'est-ce pas ton intégrité ? » (Job, 4,6).

Émile Durkheim, qui a si finement analysé à la fin du XIXe siècle les causes du suicide, a décrit le suicide fataliste, celui des individus « dont l'avenir est impitoyablement muré », qui n'ont plus la possibilité d'imaginer la suite ni de s'étonner des lendemains. À cette désespérance, Péguy répond, et avec lui tous ceux qui font le choix de la vie :

Ce qui m'étonne, dit Dieu, c'est l'espérance.
Et je n'en reviens pas.
Cette petite espérance qui n'a l'air de rien du tout.
Cette petite fille espérance.
Immortelle.

C'est ce qu'a pleinement compris Edmond Fleg, c'est le message qu'il m'importe à mon tour, et peut-être plus encore en ces temps de nouveau si troublés, de faire passer, de réitérer, d'assener s'il le faut – de l'autre côté de la nuit, le jour. L'attente n'est pas vaine, ni l'espérance inutile. Les poètes aussi le savent : « Si la joie doit venir, elle viendra, bonne fille, implacablement. » (Ainsi l'affirme Jean-Pierre Siméon dans son *Traité des sentiments contraires*.)

Cheminer avec Fleg (1)

LA GENÈSE : ISRAËL ET L'UNIVERSEL

Attardons-nous maintenant sur le grand œuvre, sur cette anthologie si marquante qu'elle impose de longues escales. Plus que tous ses autres ouvrages peut-être, *L'Anthologie juive* a constitué pour Edmond Fleg comme un testament, au point qu'après un exergue rappelant le verset du Deutéronome (VI, 5), « tu aimeras l'Éternel, ton Dieu, de toute ton âme, de tout ton cœur, et de tout ton pouvoir », et celui du Lévitique (XIX, 18), « Tu aimeras ton prochain comme toi-même », il dédie cet ouvrage à ceux qu'il a le plus aimés : « À Maurice et Daniel, mes fils morts pour la France ». Comme un écho à la terrible dédicace de *Pourquoi je suis Juif*, qui rêvait « à [s]es petits-fils pas encore nés ».

Cette *Anthologie juive* est profondément française, empreinte de cet amour de la patrie dont les Juifs, on ne le sait pas assez, sont porteurs au point de dire dans toutes leurs synagogues, chaque samedi, la prière pour la République, texte lumineux s'il en est.

Lu sous une forme ou une autre depuis toujours sous tous les régimes – monarchique, impérial ou républicain –, il acquiert une force particulière lorsqu'il dit, de nos jours, le respect et la confiance, la gratitude aussi, sans qu'il s'agisse de faire acte d'obéissance, mais seulement de reconnaître le lien indéfectible qui nous unit à l'État qui protège et rend la vie commune possible et désirable.

Dieu éternel, Créateur et Maître de l'univers, la force et la puissance T'appartiennent, par Toi seul tout s'élève et tout s'affermit, bénis et protège la République française et le peuple français. Amen

Éclaire ceux qui président aux destinées de l'État afin qu'ils fassent régner dans notre pays la paix et la justice. Amen

Que la France vive heureuse et prospère, qu'elle soit forte et grande par l'union et la concorde et conserve son rang glorieux au sein des nations. Amen

Que la France, berceau des droits de l'Homme, défende en tout lieu et en tout temps le Droit et la Liberté. Amen

Que l'Éternel accorde Sa protection et Sa bénédiction à nos forces de l'ordre et à nos soldats qui s'engagent, dans notre pays et partout dans le monde, pour défendre la France et ses valeurs. Les forces morales, le courage et la ténacité qui les animent sont notre honneur. Amen

Accueille favorablement nos vœux, que les paroles de nos lèvres et les sentiments de notre cœur trouvent grâce devant Toi, Ô Éternel, notre Créateur et notre Libérateur. Amen

Dans mon esprit, cette prière s'ajoute naturellement à *L'Anthologie juive* d'Edmond Fleg, qui ne la mentionne pas, comme s'il était tout simplement trop évident qu'elle est connue de tous : elle incarne plus que tout autre texte le serment de fidélité et d'engagement des Juifs pour la France, en France, comme Français.

Publiée en 1923 puis rééditée en 1950 (c'est sur cette dernière édition que je m'appuie), l'anthologie est agrémentée d'un avant-propos de l'auteur qui fait le lien entre les textes anciens qui « appartiennent aux jours de jeunesse de la mémoire humaine » et ceux plus modernes qui lui permettent de conjuguer l'universel à sa propre tradition. Avec ce recueil, Edmond Fleg parvient à créer une œuvre qui rend vivant le judaïsme sous toutes ses formes : « tradition religieuse, morale, politique, sociale, législative, littéraire et philosophique ». En revanche, ainsi qu'il le mentionne dans un élan de modestie, il a refusé de céder à son premier éditeur qui voulait qu'il rédige une étude d'ensemble, ne voulant pas « enfermer, après tant d'autres, l'esprit d'Israël en quelques formules éclatantes ».

Après une brève chronologie biblique, Fleg aborde donc son sujet par un premier chapitre qui n'est pas consacré à Dieu – ce sera le suivant – mais à Israël dans l'humanité. Et même s'il commence par la création de l'univers dans le texte de la Genèse, ce qui le touche, c'est le rapport à l'Autre, au frère en humanité.

Ainsi, Noé, sauvé du Déluge, conclut-il un accord avec le Créateur afin que plus jamais Il ne détruise la terre. L'homme est donc responsable et capable de gérer la terre selon les règles édictées par Dieu. Il doit l'assumer. Cette vision de la Bible est celle d'un chemin vers l'émancipation au cours duquel l'homme, créé par Dieu, doit apprendre à exercer son libre arbitre. Il nous présente tour à tour le récit de la Création du monde, jusqu'à la création de l'homme, l'alliance entre Dieu et Noé tout juste sauvé des eaux du Déluge, puis Melchisédech, roi de Salem, qui va bénir Abram et établir un accord avec lui. Ce même Abram est invité par l'Éternel à quitter sa terre de Ur, en Chaldée, pour suivre l'appel divin avant qu'un peu plus loin Dieu le bénisse, change son nom en Abraham, car il est «*père d'une foule de peuples*», et lui annonce la naissance d'un fils. Apparaît ensuite Joseph, qui sait interpréter les rêves de Pharaon et sauve l'Égypte en la préparant à affronter la famine.

On retrouve dans les choix de Fleg tirés du livre de la Genèse sa volonté de présenter Israël au cœur de l'universel, dans sa capacité à persister dans son être malgré les vicissitudes de l'Histoire en offrant une vision et du sens au peuple qui les traverse. C'est la vocation qu'il s'assigne et nous offre aujourd'hui encore.

À travers Joseph qui, bien que jeté en prison, reste au service de la société, Edmond Fleg parle en fait des Juifs de l'époque de Dreyfus qui ne voient d'espoir que dans la République, des Juifs d'Algérie qui, en 1940, bien que refoulés de la nation par l'abrogation du décret Crémieux de 1870 qui en avait fait des citoyens français, veulent par-dessus tout s'engager pour libérer la mère patrie. Parce que, comme le disait devant des élèves en 1898 Théodore Reinach, membre de l'Institut, venu assister à la cérémonie très républicaine de remise des prix de fin d'année des écoles consistoriales israélites de Paris :

> Ne confondez jamais la France avec l'écume qui s'agite impunément, mais passagèrement, à sa surface. Continuez à l'aimer, cette France, de toutes vos forces, de toute votre âme, comme on aime une mère, même injuste, même égarée, parce qu'elle est votre mère et parce que vous êtes ses enfants.

Oui, la France est notre mère et nous sommes ses enfants, et c'est ce qui irrigue et anime sans cesse le choix des textes bibliques de l'anthologie que Fleg a conçue en pensant, sinon à ses seuls enfants, à tous les enfants juifs qu'il s'était donnés en devenant l'une des têtes de file du mouvement des Éclaireurs Israélites de France, l'équivalent juif du mouvement scout, qu'il préside depuis 1926.

En 1940, Fleg, âgé de 65 ans, et sa femme se réfugient dans une propriété, dite du Vieux Moulin, que leur a donnée le père de Madeleine, à Beauvallon, près de Sainte-Maxime. Alors que le couple vient de perdre coup sur coup ses deux fils, un premier camp de cadres scouts se réunit près de leur maison et va d'une certaine manière ramener Fleg à la vie en lui démontrant que l'espoir peut encore signifier quelque chose pour ces jeunes gens avides de connaissances et d'action.

Il les initie aux textes juifs en plein air, sous les pins maritimes, devient le « chef Fleg » et découvre la possibilité d'une nouvelle forme de transmission, dans la fidélité et l'affection partagées. C'est ainsi qu'il éditera ses leçons après-guerre, dans un opuscule intitulé *Le Chant nouveau*, qui constitue une sorte de vade-mecum pour les Éclaireurs.

Alors que Fleg, son épouse et sa belle-fille Ayala, qui vient quant à elle de perdre à la naissance le seul petit-fils qu'aurait pu espérer Fleg au cours d'un épisode dramatique qui prolonge l'année de tous les deuils, alors donc que la famille aurait pu se rendre aux États-Unis à l'invitation du président du Congrès juif américain, Fleg préfère rester dans sa patrie mais entre dans la clandestinité juste avant qu'on ne vienne l'arrêter : il a été prévenu d'une prochaine opération par un prêtre catholique de ses amis, le père Marie Benoît, qui va lui procurer de faux papiers et sauver au total 4 000 Juifs. Il passera le reste de la guerre caché dans une ferme de la région de Roanne, recevant régulièrement des visites, allant parfois à Lyon où s'est installé le Bureau d'études juives. C'est là que continueront de se réunir des intellectuels, juristes, médecins, polytechniciens sous la direction du rabbin et musicien Léon Algazi tant que la situation le permettra, soit jusqu'au printemps 1943. Ce bureau d'études renaîtra en 1945 sous le nom de Bureau d'études et de défense spirituelle, destiné à lutter contre l'intolérance, et sera l'une des inspirations du futur premier Colloque des intellectuels juifs réuni en 1957. Edmond Fleg ne cessera d'en suivre les travaux.

Cheminer avec Fleg (2)

VERS LA THORA

Mais revenons à l'anthologie, dont je veux continuer de dérouler le fil rouge.

C'est par l'épisode du Buisson ardent que l'Éternel, on le sait, se révèle à Moïse. Dieu fait un pacte avec son peuple à travers cet engagement si célèbre, qui lie les Juifs à la Thora juste après avoir reçu les Dix Commandements : « Tout ce qu'a dit l'Éternel, nous le ferons et nous l'écouterons. » C'est à cette alliance ancestrale que s'attache Fleg, qui se sent lui-même lié par un serment qu'il n'interprète pas comme une obligation de respecter toutes les règles, mais plutôt comme une vocation indélébile à donner du sens au monde en utilisant la grille de lecture biblique pour tenter de le comprendre.

Edmond Fleg nous présente ainsi le passage du Livre des Nombres où Moab, voulant maudire le peuple d'Israël, finit par le bénir par l'intermédiaire de Balaam. Voici une situation bien contemporaine où un roi veut jeter l'anathème sur le peuple juif, et il embauche pour cela le plus grand magicien de l'époque, une sorte de *spin doctor* de jadis, mais ses arguments se retournent contre lui et il ne peut faire autrement que de bénir les Hébreux, à la grande fureur du roi. Encore une fois, apparaît ici le lien entre Israël et l'universel, qui est pour lui le cœur du principe de l'élection du peuple de Dieu. Balaam, prophète des Nations, aurait pu tirer vers le haut le monde puisqu'il en avait les capacités spirituelles, mais sa haine d'Israël l'en empêche.

Puis Fleg passe à Josué et à la conquête de la Terre sainte avant de conter l'histoire de Boaz et Ruth, que Victor Hugo a immortalisée. Mais c'est le chemin vers le judaïsme que va suivre Ruth qui illumine ce texte, en écho à celui que Fleg suit lui-même en redécouvrant son héritage. Ruth n'est pas juive mais elle fait le choix de suivre sa belle-mère : « Où tu iras j'irai, où tu demeureras je demeurerai ; ton peuple sera mon peuple, et ton Dieu sera mon Dieu » (Ruth I, 16). Elle est entrée dans le judaïsme par une adhésion sincère et sans autre but que de s'attacher à Dieu, comme une universalité potentielle de vivre cet appel, de l'extérieur ou de l'intérieur du judaïsme.

Comme Elisée, dans le texte suivant, qui délivre Naaman de la lèpre, de ce qui l'empêche d'être lui-même. Au fond, comme les Hébreux sortent d'Égypte et de l'esclavage afin de redevenir eux-mêmes, Naaman sort de sa lèpre et peut redevenir lui-même.

Salomon n'est pas choisi pour ses grandes réalisations ou pour la construction du Temple, mais pour rappeler ses errements avec les nombreuses femmes qui détournèrent son cœur. Car pour Fleg, il y a toujours le risque de perdre sa vocation, le sacerdoce d'Israël, ce qui amputerait le monde de son espérance.

Le texte suivant, tiré des Chroniques, raconte la destruction de Jérusalem par Babylone. Cette même Jérusalem qui gémit dans les Lamentations et implore de retrouver son lustre et sa joie. Israël est en exil et retrouve le souffle du roi David dans les Psaumes : « Chantez-nous, chantez-nous un chant d'Israël. »

C'est ensuite Jérémie et Esther qui racontent les persécutions et les menaces terribles qui frappent le peuple, puis l'espoir du retour à Sion avec Ézéchiel et la fin de la captivité à Babel avec Esdras.

Néhémie, le prophète du retour à Jérusalem, clôt cette partie biblique comme pour annoncer que le cycle est complet et qu'Israël est de retour sur sa terre, ce qu'aura vu Edmond Fleg en son temps avec la création de l'État d'Israël.

Il faut mesurer à quel point le rapport au sionisme de Fleg est complexe et viscéral. Il a 56 ans quand, pour la première fois de sa vie, il visite la Palestine mandataire, voyage qui va consolider chez lui cette conscience d'un double cœur, juif et français, qui l'habite depuis l'affaire Dreyfus mais prend ici des formes nouvelles.

Il embarque à Marseille en 1931 à bord d'un navire où se trouve aussi le poète Bialik, auteur de « Dans la ville du massacre », l'extraordinaire et terrible poème sur le massacre de Kichinev de 1903. Je songe en l'évoquant que tous les Juifs du monde ont pu relire ce poème, après le 7 octobre 2023, les larmes aux yeux, tant ses descriptions glaçantes ont encore fait écho, cent vingt ans plus tard. Car oui, le 7 octobre était un pogrom.

Chagall est aussi à bord. Ils sont invités par le grand rabbin d'Alexandrie David Preto. Fleg donne des conférences, visite Assouan, rencontre Haïm Weizmann, président de l'Organisation sioniste, alors en conflit ouvert avec Vladimir Jabotinski, le leader du courant extrémiste. Le massacre de quelque soixante-dix Juifs à Hébron par des Arabes le 24 août 1929 vient d'avoir lieu. La situation sur place est terriblement tendue mais Fleg marche dans Jérusalem, à la fois ébloui et hanté par les résurgences de l'Histoire. Il va partout, à Tibériade, à Haïfa, et il se confronte charnellement pour la première fois à la dimension mystique de ces lieux. C'est le moment où il écrit la biographie légendaire de Jésus qu'il publiera en 1933, l'histoire de Jésus racontée par le Juif errant.

Il éprouve un sentiment de profonde familiarité

qui confine à la reconnaissance. Il sait néanmoins qu'il reviendra en France : Juif français, Français juif.

Dans son anthologie, il tente de s'armer pour comprendre ce que le judaïsme fait des Juifs et donne aux Juifs. Ainsi de la question de Dieu : qui est-Il, ce Dieu juif ? Un Dieu unique avec le *Chema* ? Un Dieu créateur par Sa seule parole, tel que décrit par Isaïe ? Un Dieu présent dans la nature, comme le chante le roi David dans les Psaumes ? Un Dieu juste qui frappe le méchant, même lorsque le patriarche Abraham négocie pied à pied avec Lui pour sauver Sodome et Gomorrhe ? Un Dieu tout-puissant qui fait chanter Ses enfants lorsqu'ils franchissent à pied sec la mer Rouge ? Un Dieu capable de faire payer leurs fautes aux peuples qui ont méprisé et maltraité Son peuple d'Israël, comme l'assure Jérémie ? Ou finalement, ce qui semble rassurer Fleg, un Dieu clément et miséricordieux qui, avec Jonas, va pardonner ses fautes à la ville de Ninive si elle sait se repentir très sincèrement ?

Fleg poursuit sa quête presque initiatique avec toutes les facettes de la perception humaine de Dieu – le Père, le Dieu universel, Celui que nous ne pouvons pas connaître réellement, Celui vu par les idolâtres, vu par les prophètes, avec la description du Char céleste de la vision d'Ézéchiel. Cette recherche de Dieu l'amène enfin à la Thora, ce texte portant l'espérance du judaïsme en des humains qui assumeraient leur vocation pleine et entière, rendant justice aux faibles et élevant chacun et chacune au-dessus de sa condition.

Ce Livre des Livres, qui est parole divine, définit le Bien et le Mal, le pur et l'impur, la moralité et la probité en réglant toutes les questions de la vie, mais avec toujours en ligne de mire un projet qui donne un sens à un monde par ailleurs si désordonné en apparence. Avec cette exceptionnelle capacité à percevoir que ce sera la grande question de son temps – et du nôtre –, Fleg sélectionne à deux reprises des textes parlant de l'étranger.

Il est de cette génération qui a entendu Monseigneur Saliège, à Toulouse, pendant la guerre, le 23 août 1942 très précisément, dire : « Les Juifs sont des hommes, les Juives sont des femmes, les étrangers sont des hommes. » Car oui, l'Éternel aime l'étranger et Il nous ordonne d'aimer à notre tour, presque en Son nom, l'étranger, celui que tout le monde rejette, car nous fûmes nous-mêmes étrangers en terre d'Égypte.

C'est précisément là, juste après ces extraits qui font l'éloge de l'altérité et de l'hospitalité, que Fleg choisit de placer les textes relatifs à la vie religieuse en Israël, comme pour récuser par avance tout communautarisme. Il raconte le sacrifice d'Isaac, qui n'a pas lieu, le défi d'Élie au Carmel, qui prouve la puissance de l'Éternel après l'échec des prophètes de Baal à obtenir le moindre signe, le sacerdoce des prêtres, le Temple de Salomon, et tous les élans de l'âme et du cœur qui accompagnent le chemin de l'homme sur cette terre, de la détresse des Psaumes à la confiance de l'Ecclésiaste, de la révolte à l'acceptation des décisions divines de Job, jusqu'à la certitude de la résurrection du prophète Daniel qui assure que « beaucoup de dormeurs de la terre, de la poussière s'éveillent ».

Enfin, Fleg parle de l'amour, celui d'Isaac pour Rebecca ou celui, plus vénéneux, de Samson pour Dalila, et surtout du plus lumineux du Cantique des Cantiques, allégorie de l'amour de Dieu pour son peuple et acmé de l'amour qui élève et qui révèle ce que nous sommes.

Fleg s'attarde également sur un texte d'une tristesse infinie : le prophète Samuel fait état des lamentations de David sur son amitié perdue avec Jonathan et sa confiance brisée avec le père de celui-ci, le roi Saül : « comme ils sont tombés, les forts, au milieu du combat ». Oui, Saül veut la mort de David, mais ce dernier continue à accorder son amitié et sa confiance à Jonathan, son fils.

Pour se relever de cette souffrance, Fleg nous parle enfin de justice et de sagesse, avant de conclure cette envolée en évoquant le messianisme que le prophète Daniel annonce avec la guerre contre les quatre empires, quatre bêtes terrifiantes dont Israël, le soldat de Dieu, viendra à bout pour faire régner la paix universelle.

Voici sans doute ce qui définit le mieux la vision qu'a Fleg de la Bible : un chemin qui va de la révélation reçue par Israël à l'universel comme mission, comme sacerdoce. Une « élection » qui devrait surtout faire de chaque Juif un messie potentiel, porteur de la vocation d'annoncer l'espérance au monde, celui qui l'oublie ou le renie renonçant par là même à ce qui devrait être le cœur du message juif.

Cheminer avec Fleg (3)

VOYAGES DE L'EXÉGÈSE

Edmond Fleg nous offre aussi une plongée dans les histoires qui façonnent le cœur de l'inconscient juif. C'est Alexandre le Grand qui, au lieu de saccager Jérusalem, vient offrir en pèlerin dévot des sacrifices à l'Éternel, ce sont les Samaritains qui se construisent un temple comme une injustice infligée à Jérusalem, ou c'est l'histoire de la traduction de la Bible en grec, la fameuse Septante, traduite par l'Esprit saint qui dicta le texte à soixante-dix sages. C'est la rencontre de l'hellénisme et du judaïsme avec ses hauts et ses bas, les Macchabées qui se révoltent contre le scélérat Antiochos Épiphane et célèbrent le premier Hanoukka, ce temps où la lumière revient dans nos maisons après l'obscurité de l'occupation, le martyre des sept frères et de leur mère qui refusèrent d'abjurer pour rester fidèles à la Loi de Moïse. J'ai pu constater combien le fait d'allumer une petite bougie de l'espérance pouvait bousculer ceux qui se complaisent dans l'obscurité, non pas parce qu'ils y sont heureux, mais parce qu'elle leur offre de ne pas voir le chemin à parcourir, à rêver, à imaginer.

Flavius Josèphe est la source des dernières histoires choisies par l'auteur pour illustrer l'oppression, l'antijudaïsme, déjà, de César, d'Hérode ou des Égyptiens, jusqu'au début de la révolte contre Rome et au sac de Jérusalem et du Temple. L'étude de la vie religieuse et morale du peuple juif permet de développer les symboles du Temple de Jérusalem : la rencontre du feu, de la terre, de l'air et de l'eau de la mer, une sorte de pont entre le monde du Ciel et celui de la Terre, dans un émerveillement de tous les sens humains.

Puis Fleg présente le grand prêtre Siméon qui, après son service sacerdotal, bénissait le peuple. La Fête des prémices, le moment où le peuple amenait les premiers fruits de la récolte à Jérusalem, nous fait revivre ces moments de partage et de fraternité avant que nous soit présentée la merveille architecturale de la synagogue d'Alexandrie, dans les mots du Talmud Souka : « Qui n'a pas vu la galerie double, à Alexandrie d'Égypte, n'a pas vu Israël dans sa splendeur. » Fleg plonge dans les prières du rituel avant de conclure avec la mélopée du kaddish, cette sanctification du Nom divin que récitent les personnes en deuil afin de clamer, par-delà la souffrance et la douleur, la grandeur divine.

C'est aussi l'occasion de faire découvrir un texte de conseil d'un père à son fils, d'autres compositions sur des situations où la foi est percutée par des questions existentielles comme la mort du Juste, le pardon. Puis Fleg décrit les différents courants du judaïsme, depuis les plus traditionnels jusqu'aux mouvements qui ont pu aboutir à des dérives sectaires. S'appuyant sur les *Maximes des Pères*, il brosse un portrait des rabbins les plus éminents du temps de la *Michna*, comme Hillel, le si doux apôtre de l'accueil de tous, ou comme Chamaï, le rigoriste qui espérait toujours voir le monde se rendre fidèle à l'attente divine, alors qu'une Voix du ciel affirme : « Même si les deux rabbins s'opposent, les uns et les autres sont la Parole du Dieu vivant. »

Présentant la littérature apocalyptique, celle qui annonce les derniers jours, ce temps du Jugement, Fleg montre comment elle prédit le règne du Messie, le Sauveur d'Israël. La philosophie judéo-alexandrine, elle, se livre à une interprétation allégorique de la Bible avec, en particulier, un passage sur l'identification progressiste de la sagesse biblique avec le logos, la raison de la philosophie grecque.

Enfin, Fleg parvient à donner accès au monde jusque-là fermé du Talmud, qui était réservé aux étudiants des *yechivot*, les académies religieuses juives, ces maisons d'étude où le jour succède à la nuit autour des débats de rabbins d'il y a deux mille ans. Il donne des clefs pour pénétrer dans cette pensée faite de raison et de passion, à la fois pétrie de logique et de références bibliques.

Il commence par la création de l'Académie de Yavné, juste après la destruction du Temple de Jérusalem, que rabbi Johanan ben Zakaï obtint de Vespasien. C'est vers l'an 200 de notre ère que Rabbi Yehouda rédigea la *Michna*, une compilation des débats rabbiniques ayant eu cours depuis quatre cents ans. Le Talmud est l'interprétation de ces textes, avec une branche en Babylonie, la plus connue, et une branche à Jérusalem. Les illustrations des réflexions et des pensées profondes des maîtres du Talmud viennent offrir un réconfort, avec des réponses aux questions que toutes les époques se sont posées à propos de la foi et de l'engagement de Dieu dans le monde.

Fleg sélectionne ainsi sentences et maximes sur Dieu, la Thora, la vie morale ou sentimentale, la vie sociale et la vie religieuse, s'attachant aux deux aspects de la tradition, la Halakha, la jurisprudence qui montre une bienveillance pour tous, et la Haggadah, les récits allégoriques qui ouvrent sur des paraboles et des histoires édifiantes par-delà les siècles.

Toutes les traductions de cette section sur le Talmud sont d'Edmond Fleg, ce qui est assez extraordinaire pour son époque et démontre sa grande maîtrise des finesses de l'hébreu et de l'araméen. Lorsqu'il aborde l'époque rabbinique du haut Moyen

Âge, avec la dispersion des Juifs et la rencontre avec le christianisme et l'islam, Fleg propose une chronologie très subtile dans laquelle ce sont les implantations des maisons d'études qui rythment les siècles comme si, pour lui, seule la diffusion de la sagesse juive était garante de la pérennité du peuple d'Israël.

De Charlemagne qui sauve les Juifs aux Khazars de Chasdai ibn Chaprut, de la confrontation aux croisades à la peste en Angleterre, de l'accusation tragique de meurtre rituel à l'exil d'Espagne, de Luther aux Cosaques de Pologne, Fleg égrène les souffrances, après tant d'espérance. Il montre l'éternel retour de la lutte entre la tradition et la raison, au cœur de la pensée religieuse, avec l'exégèse rationaliste de Saadia Gaon et de tout ce mouvement qui intègre ce qu'il appelle « l'exégèse du bon sens », reprenant une expression de Rachi, le fameux rabbin de Troyes. C'est le temps de la rencontre entre les rabbins et le néoplatonisme juif avec Ibn Gabirol et surtout Maïmonide, l'auteur du *Guide des égarés*, l'apogée du rationalisme parmi tous ses ouvrages.

Fleg, en regard, propose également des textes qui incarnent la réaction religieuse et même mystique de Salomon ben Aderet, sur le fait de croire ou de savoir, sur le *Zohar*, la Kabbale, mais il revient vite au rationalisme en passant par le déterminisme et la liberté, ou plutôt le libre arbitre, tel que pensé par Spinoza, avant de poursuivre avec la question de la connexion des idées, la joie, l'amour intellectuel de Dieu, et de conclure sur ce thème en décernant au philosophe d'Amsterdam un brevet de rationalisme.

Dans le même souffle pourtant, et comme s'il lui fallait sans cesse équilibrer la balance, Fleg nous offre des pages merveilleuses sur la poésie religieuse, mystique ou profane, une anthologie dans l'anthologie, mêlant prières et élégies, poèmes et prose poétique. Ainsi, du *Chant du réveil* de Juda Halévi, que je ne résiste pas au désir de donner à lire tout entier :

Que fais-tu, sommeillant ? Crie vers Dieu, t'éveillant.
Réveille-toi pour voir son ciel, que sa paume créa,
Et les voiles de ses hauteurs suspendues à ses bras,
Et ses étoiles, cachets d'or aux anneaux de ses doigts.
Espère en son secours et crains en son effroi,
Et que l'orgueil du cœur ne monte pas en toi.

Que fais-tu, sommeillant ? Crie vers Dieu, t'éveillant.
Et sors dans l'ombre, et marche, et suis la trace glorieuse
Des hommes grands qui L'ont loué, d'une âme non trompeuse.
Leurs nuits étaient nuits de prière, et jeûnes leurs journées ;
Sous le trône de sa lumière leur place était gardée ;
Car le chemin de l'Éternel passait parmi leurs cœurs,

Et leur vie était une échelle à monter au Seigneur.
Que fais-tu, sommeillant ? Crie vers Dieu, t'éveillant.
Paresseux, n'as-tu point de honte de dormir au matin,
Quand l'étranger L'invoque, d'un cœur saint ?

Un peuple qu'Il n'a point élu Le supplie et Le craint,
Et toi, qui toujours Le connus, tu ne Le prierais point ?
Lève-toi ! Lève-toi ! Le Gentil s'éveillant,
À ta place est priant. Que fais-tu, sommeillant ?

L'échelle dont parle l'auteur est celle de Jacob, qui rêve de s'élever grâce à elle mais qui s'en voit empêché par son frère Esaü. L'Éternel le rassure et lui promet qu'il atteindra bien la Jérusalem céleste, s'il continue bien à Le prier.

Fleg nous transmet un trésor de sources multiples et joyeusement variées, comme si l'érudition même devait être facteur de joie.

Ainsi de la découverte de Bérahia ben Natronaï, un fabuliste du XIIIe siècle qui, avec ses *Fables du Renard*, pourrait bien avoir inspiré notre Jean de La Fontaine. Voyez donc :

LE LOUP ET LES ANIMAUX

Le loup, chancelier du lion, fut un jour accusé par tous les animaux : « Ce glouton, criaient-ils, fait de la forêt un désert, de nos femmes des veuves, de nos enfants des orphelins. » – Le roi se mit fort en colère, lui reprochant sa cruauté : « Le passé n'est point réparable, ajouta-t-il, mais garde-toi d'être cruel à l'avenir. Contente-toi pour tes repas des bêtes mortes dans les champs ; et si tu étranglais quelque animal vivant, jure de t'abstenir de toute chair pendant deux ans. »

Le loup jura, puis s'en alla.

À quelques jours de là, souffrant de faim inassouvie, il vit une brebis paissant dans la prairie. Mille pensées se combattaient en lui : « Me priver de chair durant deux années ! La chose est dure... je l'ai jurée... Mais qu'est-ce au juste qu'une année ? Trois cent soixante et cinq journées. Et qu'est-ce donc qu'un jour ? Il fait jour quand j'y vois ; il fait nuit quand je n'y vois pas. Si je ferme les yeux, c'est la nuit ; et si je les rouvre, c'est le jour qui suit. »

Vite il ferma les yeux, puis les rouvrit : ainsi fut soir, ainsi fut matin, premier jour. De la sorte il compta sept cent et trente jours. « J'ai fait d'avance ma pénitence », s'écria-t-il. Et, se jetant sur la brebis, il l'étrangla puis la mangea.

Un brigand, tant qu'il est brigand, sait toujours éluder un serment.

Fleg n'oublie pas non plus les réflexions des moralistes comme Bahya ibn Pakuda, des apologistes défendant le Talmud, les médecins juifs, le Messie, et rétorquant contre les accusations d'usure ou de crime rituel. Il nous donne à lire des sermons sur les fêtes et sur Kippour, des textes sur les cérémonies et les coutumes, faisant presque œuvre d'anthropologue, avec des présentations des communautés de Pologne, d'Avignon, d'Amsterdam ou des hassidim du Baal Chem Tov, pour conclure avec un portrait du Gaon de Vilna, le Maître de Lituanie.

Viennent enfin des textes de Moïse Mendelssohn, exposant ce qu'il appelle l'« esprit nouveau du judaïsme », qui prône une approche plus ouverte sur la théologie, l'enseignement des matières profanes, la société civile et, bien entendu, la vie de la communauté, avec la possibilité de lire la Bible dans une traduction en langue vernaculaire.

Cheminer avec Fleg (4)

ÉMANCIPATION ET FRATERNITÉ

Ainsi Fleg nous prend-il par la main pour aborder l'époque moderne avec une présentation au souffle quasi prophétique. Il y explique que la Révolution française, en accordant la pleine citoyenneté aux Juifs le 27 septembre 1791, avait posé un repère temporel aussi important que le fut la destruction du Temple de Jérusalem « qui avait mis fin à leur patrie antique ».

Arrêtons-nous un instant ici. 27 septembre 1791. J'ai toujours pensé que, étant né le 27 septembre 1963, cent soixante-douze ans plus tard, cela me créait des obligations particulières envers mon pays ! De fait, cette date est pour moi comme un anniversaire secret qui me rappelle combien ce que je suis est lié intimement à ce que la France peut faire de plus beau de plus grand, de plus... normal lorsqu'elle est fidèle à son idéal de liberté, d'égalité et lorsqu'elle encourage à vivre cette fraternité que les deux premières doivent garantir.

Comme Edmond Fleg, je vois en ce jour du 27 septembre 1791 ce qui fonde un pacte inaliénable avec la République, jamais dissous, ni dans l'affaire Dreyfus, ni même sous Vichy, car la France républicaine est fille des Lumières. Fleg y voit au surplus le moment à partir duquel les Juifs peuvent exercer la pleine mesure de leurs talents, développer leurs savoirs et leur énergie. Ils vont bâtir leurs pays, jouer « un rôle important et voyant, qui ne tardera pas à provoquer une renaissance de l'antijudaïsme ». C'est le paradoxe auquel nous sommes toujours confrontés : l'antisémitisme restreint nos libertés mais c'est quand les Lumières nous en accordent davantage que ressurgissent, en réaction, de nouvelles poussées d'antisémitisme. On n'en sort pas.

Fleg constate cependant que dans « cette nouvelle et féconde dispersion », le judaïsme se confronte à la sagesse des Nations. Le lien avec le projet sioniste devient un marqueur, tout comme le judaïsme réformé lui apparaît comme un projet universaliste. Par-delà la dispersion et l'afflux de langues et de traditions, « les écrivains juifs rejouent, souvent à leur insu, les thèmes éternels de la Bible, pour en tirer mille modulations juives de la vie moderne ».

Fleg ouvre cette partie de son anthologie par la lutte pour l'émancipation, avec l'adresse de Berr Isaac Beer, syndic des Juifs de Nancy, à la Constituante du 14 octobre 1789. Il faudra attendre encore deux ans pour que le pays donne la pleine citoyenneté aux Juifs. Puis le Grand Sanhédrin, sous Napoléon, propose ses décisions doctrinales. C'est le célèbre « *Dina demalkhouta dina* » (la loi de l'État a force de loi), qui permet de séparer ce qui relève du culte et ce qui relève de l'ordre public. On voit défiler l'Alliance Israélite Universelle, qui prône tout à la fois les valeurs juives partout dans le monde et les valeurs de la France universelle, les Juifs aux États-Unis et le premier congrès sioniste de Bâle, la réhabilitation de Dreyfus, l'engagement des volontaires juifs dans nos armées et le récit de la mort du grand rabbin Abraham Bloch.

Attardons-nous encore une fois sur ce moment. Le 29 août 1914, à Taintrux, dans les Vosges, le front est incertain. Une pluie d'obus s'abat sur les soldats et nombre d'entre eux sont frappés. C'est là que se trouve le grand rabbin Abraham Bloch, aumônier israélite. Né à Paris en 1859, rabbin de Remiremont (Vosges), d'Alger, puis de Lyon, il s'engage dans l'aumônerie aux armées pour défendre la France et les valeurs républicaines qu'elle incarne, alors qu'il aurait pu l'éviter en raison de son âge. Ce 29 août, quand un soldat tombe, mortellement touché, celui-ci voit le grand rabbin portant la soutane comme beaucoup d'aumôniers. Le prenant pour un prêtre catholique, il lui demande un crucifix. Pour répondre à l'ultime désir du soldat, le grand rabbin Bloch court chercher une croix dans le village le plus proche et la présente au moribond ; c'est alors qu'un nouvel obus les frappe tous deux et les réunit dans la même mort, assistés du père jésuite Jamin.

Maurice Barrès, loin d'être un philosémite, c'est le moins que l'on puisse dire, mais que Fleg avait beaucoup lu, en parlera même dans son livre de 1917 *Les Diverses Familles spirituelles de France* comme d'un acte « plein de tendresse humaine ».

Une stèle honore aujourd'hui encore ce geste extrême de fraternité, à six kilomètres de Saint-Dié dans les Vosges :

> Ici, le 29 août 1914, le grand rabbin Abraham Bloch, aumônier aux armées françaises, a été tué, après avoir porté la croix du Christ à un soldat catholique mourant. Inauguré le 2 septembre 1934 par M. G. Rivollet, ministre des Pensions.

Une autre plaque à la mémoire du grand rabbin Bloch est apposée à l'entrée du Séminaire israélite de France, symbole et message à tous les futurs rabbins qu'ils seront au service de tous, par-delà leur communauté, car tous sont frères. C'est de cette notion de don de soi pour que l'autre vive que nous aurions tant besoin aujourd'hui, au-delà des cercles théologiques, comme valeur-socle d'une société.

Il ne s'agit pas pour le judaïsme contemporain de tirer quelque gloire ou récompense que ce soit de ce sacrifice, pas plus que de celui de tous ceux qui sont morts pour la France en professant la foi d'Israël, mais de simplement témoigner de notre Histoire, de cet acte qui nous oblige, tout comme il engage notre pays à rester fidèle au rêve de ceux qui ne sont plus présents.

Plus de cent ans après le geste sublime du grand rabbin Abraham Bloch, nous avons plus que jamais besoin de son message d'amour du prochain et de respect de la foi de celui ou celle qui ne prie pas comme nous mais adresse sa prière au même Dieu, de son rappel de ce qu'est la vocation du creuset français et de son rêve d'une France « unie dans la diversité ». Oui, le plus bel hommage à rendre au grand rabbin Abraham Bloch est de réaffirmer sans cesse que, par son engagement total, il participa du génie de la France.

Face aux quatre immenses plaques situées dans la grande synagogue de Paris rue de la Victoire rappelant le sacrifice des membres de la communauté juive de Paris au cours de la Grande Guerre figure aussi un texte particulièrement émouvant : « À la mémoire de Charles Péguy, mort pour la France le 5 septembre 1914 ». Et la pierre garde le message de Charlotte, son épouse : « J'aimerais que le nom de mon mari Charles Péguy soit joint à ceux des Israélites qui ont donné comme lui leur vie pour la France ».

Lui qui incarnait la profondeur de l'âme française savait où étaient, parmi ses concitoyens, ceux qui aspiraient à une France de l'idéal. C'est peut-être ce qui nous est si difficile à vivre aujourd'hui : ce décalage entre la France idéale et celle de toutes les contingences et de tous les dénis.

Lorsque je fus élu au grand rabbinat de France en 2014, c'est devant ce monument que je fis le choix de me faire photographier pour *Paris Match*.

J'ai en effet un profond respect pour les monuments aux morts et pour tout ce qui rappelle le sacrifice de ceux qui ont fait le choix ultime de la France. C'est le cœur de mon engagement auprès du Souvenir Français en tant que secrétaire général du président Serge Barcellini pour entretenir, conserver et transmettre la mémoire combattante, mais pas exclusivement.

Nous faisons en sorte qu'aucune cérémonie dont la vocation est d'enraciner le souvenir d'un événement historique ne disparaisse et que les porte-drapeaux du Souvenir Français se concentrent particulièrement sur les journées du 8 mai, du 14 juillet, du 1er novembre et du 11 novembre. L'objectif de l'association, son ADN, est qu'aucune tombe de « mort pour la France » ne disparaisse des cimetières communaux, qu'aucun monument, qu'aucune stèle combattante ne soit à l'abandon. Pour ce faire, des comités entretiennent et rénovent des centaines de sépultures en déshérence, en fleurissent des milliers entre le 1er et le 11 novembre, et restaurent des centaines de monuments et de plaques chaque année. Elle apporte ainsi son aide financière aux voyages mémoriels organisés à destination des champs de bataille de toutes nos guerres, des plages du débarquement, des sites de maquis et des camps de déportation. Par ailleurs, il assume une veille sur les tombes des anciens présidents de la République – j'ai moi-même un rendez-vous annuel avec les présidents Chirac et Deschanel à Montparnasse, et avec Millerand à Passy.

Pour que soit accompli ce devoir de transmission, tous les élèves de France ne devraient-ils pas au cours de leur scolarité visiter au moins un site mémoriel combattant et participer à une cérémonie patriotique ? Lorsque la rencontre se produit entre un enfant et un ancien combattant, elle est belle et marque à vie.

Comme le fait dire Fleg à ses personnages de *La Maison du Bon Dieu*, le grand rabbin Jacob Kaplan, mort il y a trente ans, était convaincu que la grande réconciliation entre les religions de France s'était scellée dans la boue et les larmes des tranchées. Lui-même, avant d'être grand rabbin de France (1955-1980), grand-croix de la Légion d'honneur et membre de l'Institut, était un survivant du 411e régiment, où il avait servi durant toute la Première Guerre mondiale.

Ne doit-on se réconcilier que dans la souffrance et les difficultés, dans les tranchées et dans la guerre ? Il nous faut retrouver cette confiance en notre destin commun qui nous poussera chacun à conserver notre foi, nos convictions politiques, sociétales, éthiques, tout en nous ouvrant à l'autre. Nous aurons ainsi la certitude qu'elles enrichissent la société dans laquelle nous vivons, le monde que nous bâtissons.

Beaucoup de nos concitoyens ont des gestes de respect envers les croyants d'un autre culte, démontrant leur foi laïque en l'homme, base essentielle de leur foi en Dieu. Ce faisant, ils construisent au quotidien une France qui est belle. Mais combien s'enferment et se replient dans des espaces restreints et cloisonnés ?

Cheminer avec Fleg (5)

MODERNITÉS DU JUDAÏSME

Après avoir évoqué le martyre de David Bloch, fusillé par les Allemands en 1916 pour espionnage en faveur de la France, et présenté la très brève émancipation des Juifs russes par le gouvernement provisoire du prince Lvov en 1917 dans la bouche d'un membre juif du Conseil des délégués ouvriers et militaires, Fleg donne enfin à lire la fameuse déclaration Balfour.

C'est à travers une lettre du diplomate anglais datée de novembre 1917 et adressée à lord Rothschild, vice-président de la Fédération sioniste de Grande-Bretagne, que nous découvrons la volonté du gouvernement anglais d'envisager « favorablement l'établissement en Palestine d'un foyer national pour les Juifs ».

S'en tenant à une approche historique, Fleg n'en évoque pas les conséquences et passe à l'analyse des rapports entre les Juifs et les bolcheviks, en particulier

Trotski, avant de citer André Spire et Israël Zangwill. Le premier réfléchit sur le Foyer et les Juifs de la Dispersion (car le mot « Diaspora » n'existait pas encore), et le second sur la place des Juifs dans le monde moderne : « leur don des langues, leurs relations dans tous les pays de l'exil, font d'eux des intermédiaires dans tous les domaines du commerce et de la finance, du journalisme et de la critique, de l'érudition et des voyages, et d'excellents connaisseurs et amateurs d'art ».

Suivent une série de controverses sur la nécessité d'une science du judaïsme qui tranche entre les « sectes juives », selon l'expression d'Abraham Geiger, et qui soit capable de dégager un chemin de crête, fait d'intelligence et d'entente amicale entre la foi et la science. C'est l'heure pour lui de présenter l'idée de l'Homme-Dieu ou de faire revivre la philosophie d'Avicenne et d'ibn Gabirol sous la plume du sage Salomon Munk, qui démontre la proximité des philosophies juive et arabe.

Fleg nous propose ensuite le récit du martyre de Nicolas Antoine, un pasteur protestant brûlé à Genève en 1632 pour crime de judaïsme, avant une réflexion de Salomon Reinach sur le polythéisme et les tabous dans la Bible. Il évoque les sources de la législation mosaïque et même « la race juive », notion qui, surtout sous la plume d'Isidore Loeb dans la *Revue des études juives*, n'emporte pas encore la dimension eugéniste et raciste que le nazisme va lui conférer – il s'agit bien plutôt de s'intéresser aux traits de l'esprit juif.

Dans le domaine de la critique philosophique, Fleg confronte le judaïsme à la pensée de Hegel, de Kant, de Bergson, avant de traiter de la critique sociale, du conservatisme juif, du communisme antijuif de Karl Marx, de la mission du prolétariat, de l'armée (avec un texte de Joseph Reinach, lorsqu'il fut question de porter à trois ans la durée du service militaire), puis un texte de Bernard Lazare sur l'antisémitisme et les Juifs et un autre de Walther Rathenau sur l'antisémitisme et l'État. Fleg fait la part belle à la théorie de l'assimilation, avec deux textes de Sylvain Lévi et du grand rabbin Maurice Liber, le même qui traite ensuite des *Protocoles des Sages de Sion* et de leur fabrication, si bien racontée depuis dans la BD de Will Eisner.

Une phrase concernant ce fameux faux document des *Protocoles des Sages de Sion* nous parle tout particulièrement :

> Après avoir coûté la vie à des milliers de Juifs russes, ce faux grotesque est en train de tourner la tête à des milliers de Chrétiens. On peut le déplorer, il ne faut pas trop s'en étonner… On sait que, quand un homme a perdu beaucoup de sang, son cerveau est affaibli ; ne dirait-on pas qu'après l'effroyable saignée de la guerre, beaucoup de nos contemporains sont accessibles à toutes les suggestions et à toutes les

phobies ? Pour leur faire croire à l'existence d'une conspiration effroyable, on n'a qu'à extérioriser le rêve monstrueux qu'on porte en soi. L'Église catholique prête volontiers à ses adversaires les plans de domination universelle qu'elle a plus d'une fois tenté de réaliser.

Fleg nous rappelle aussi les provocations d'Henry Ford, qui évoquait le « péril juif » – que ceci nous serve de repère pour ne jamais oublier la virulence et l'omniprésence des attaques antisémites venues des plus grands acteurs de la vie sociale ou économique de cette époque, particulièrement à l'heure où tout nous semble parfois pouvoir « recommencer ». Il semble que les garde-fous moraux que l'Histoire devait produire n'étaient faits que d'argile et de sable mouillé.

Fleg ne cesse de mêler tous les registres, ce qui fait la force de son érudition, puisqu'il puise aussi bien dans la mémoire sociale, économique, juridique, que dans la tradition la plus classique. Il s'efforce aussi d'éclairer les grandes options du judaïsme de son temps : le judaïsme conservateur, le sionisme et le judaïsme réformé.

Pour le judaïsme conservateur, il cite des textes de Samson Raphael Hirsch, d'Élie Benamozegh, de Zadoc Kahn, mon éminent prédécesseur au grand rabbinat de France, d'Aristide Astruc, de Moritz

Güdemann et enfin d'Israël Lévi, qui fut également l'un de mes prédécesseurs et déclamait, le 7 avril 1919, un texte bouleversant, « L'Armée des morts », sur les héros trépassés de la Première Guerre mondiale. Rappelons qu'Israël Lévi sera l'un des quatre témoins de moralité que citera Fleg dans sa demande de naturalisation.

Tous les ans, entre Roch Hachana, le Nouvel An et Kippour, je fais un pèlerinage sur la tombe de Zadoc Kahn et d'Israël Lévi, comme sur celle de mes autres prédécesseurs enterrés dans nos cimetières parisiens.

Fleg aborde le sionisme avec ses précurseurs, ses fondements historiques, son origine sociale et même morale en citant un texte de Max Nordau, puis le sionisme politique avec Theodor Herzl et le sionisme religieux, le sionisme intellectuel et même la renaissance du sol palestinien. Enfin, il laisse la parole à Albert Einstein.

Son tour d'horizon ne serait pas complet sans évoquer le judaïsme réformé et la réforme juive : réforme de la théologie, passage à la révélation progressive, le progrès en religion, la réforme du culte, la loi et la vie – il va même explorer les liens entre judaïsme libéral et christianisme libéral, avant de conclure par un texte sur Israël et Jésus.

Fleg consacre un très beau chapitre à la vie juive dans la littérature. C'est peut-être le point de rencontre le plus naturel entre le judaïsme, religion des textes et du texte, et la France, pays littéraire par essence. Le judaïsme aussi se raconte, se conte, se déploie dans le monde des livres, le seul que le Mal ne peut lui ôter, sauf lorsqu'il s'incarne dans des autodafés. On trouve ainsi dans ce chapitre des textes de Haïm Nahman Bialik, déjà cité, un cantique d'Henri Franck « La Danse devant l'arche », poème qui avait profondément marqué le grand rabbin de France Jacob Kaplan, comme il le racontait lui-même dans un livre d'entretien intitulé *Justice pour la foi juive* : « J'aimais dans son grand poème le passage, traversé d'un souffle religieux si communicatif, où le jeune lévite chante son bonheur d'avoir été élevé dans le temple et sa fidélité à Dieu. »

D'ailleurs Kaplan poursuit dans son panthéon d'intellectuels juifs : « Il y avait surtout Edmond Fleg, dont le premier recueil poétique, *Écoute, Israël*, paru en 1913, avec ses poèmes inspirés par la Bible et pénétrés d'un ardent amour du judaïsme, m'avait enthousiasmé : c'était la démonstration éclatante que la religion juive était une source splendide d'inspiration et qu'enfin un poète juif se proposait de faire connaître l'enseignement du judaïsme. »

Edmond Fleg a été un phare pour toute cette génération et il l'est toujours pour nous, aujourd'hui.

La « Prière du cœur », qui suit dans l'anthologie de Fleg, est une méditation sur le sens des mots que nous prononçons, et une parole, toujours de Bialik, montre la force de ces mots. Ici s'insère dans l'anthologie un poème tiré du *Livre des Chants*, de Jacob Cohen, le « Mur des Lamentations » (qui ne s'appelait pas encore Mur occidental et tenait son nom de son peuple et des larmes de Jérémie).

Ce Mur est extraordinaire et il bouleverse chaque visiteur, quelle que soit sa foi. Si le prophète Ézéchiel (XXXVI, 26) a pu dire « Je changerai en cœur de chair vos cœurs de pierre », ce Mur possède des pierres de chair, faites de toutes les prières, de tous les espoirs, de tous les serments que tant de pèlerins lui ont confiés.

Ce Mur m'a touché dès ma première confrontation. J'avais vingt ans et c'était mon premier voyage en Israël. Il faut s'extraire du cadre touristique et y percevoir l'écho de la promesse, et j'y suis allé en pleine nuit. Seul mais entouré de tous les rabbins de tous les siècles et de tous les lieux. Ici était la porte du Ciel.

Je connaissais ce Mur avant même de le rencontrer. Il est un témoin de la permanence de la promesse et de la pérennité d'Israël. Un témoin de nos serments et de nos désirs les plus intimes, prières pour nos proches et pour nos malades, vœux pour nos enfants et pour nos amis. J'y étais le 30 juillet 1988 pour y promettre de rester toujours fidèle à ce qui m'était si cher que rien, ni le succès ni l'échec, ne pourrait transformer un espoir en vie médiocre. Les espoirs demeurent toujours lumineux.

Lors de la guerre des Six Jours, l'unité israélienne qui toucha la première le Mur, donnant à l'Histoire les photos que nous connaissons tous, était composée majoritairement de soldats pieux. Ils se mirent à prier et à pleurer, sauf un de leur camarade, totalement hermétique à la foi qui fumait, légèrement en retrait. Et brusquement, il se mit à sangloter sans retenue. Ses amis lui demandèrent pourquoi il pleurait sur des pierres, puisque pour lui, ce n'était que cela. Il leur répondit : « Je pleure car je ne comprends pas pourquoi vous pleurez », comme si ce Mur faisait le lien entre tous les enfants d'Israël, entre tous les enfants de l'espérance. C'est le pape Jean-Paul II qui perçut le plus justement le rôle de ce Mur, lui qui y glissa une prière entre les interstices des pierres selon le rite bimillénaire, comme si nos espoirs étaient le ciment qui reliait les roches entre elles.

Mais écoutons le poème de Bialik qui, avec ses mots, nous le dit plus justement.

LE MUR DES LAMENTATIONS

Sur la haute colline, un vieux mur est debout;
Il est tout fissuré, et l'herbe grasse y pousse :
Mais sa force est entière,
Au cœur fort de ses pierres.

Et devant ce vieux mur, des vieillards sont courbés;
Ils tombent sur leur face, et ils prient et ils pleurent;

Ils racontent leurs deuils et redisent aux pierres
Leur souffrance encore jeune et vingt fois séculaire.

Et du haut des hauteurs, sur le mur désolé,
Jaillissent des rayons tout dorés de pitié ;
Et le Dieu, qui descend où descend leur lumière,
Console les vieillards et console les pierres.

En passant par l'extase et les cabalistes, Fleg continue d'explorer la Thora. Toujours avec Nahman Bialik, nous découvrons le *matmid*, celui qui se plonge dans l'étude des textes, celui qui « le long de la nuit, a prolongé son oraison ». Il reformule si joliment une affirmation du Talmud : « Dieu prend plaisir à la buée sortant des lèvres de l'enfant qui apprend la Thora. »

C'est ensuite naturellement que Fleg ouvre le rouleau qu'offre Yankel sous la plume de Chalom Asch. Car le rouleau de la Thora est par essence un objet hors norme. Écrit à la plume dans des conditions de pureté très strictes, sur des parchemins cousus entre eux, c'est le seul objet qui porte une part de sainteté dans le judaïsme. Une seule lettre coupée, collée, raturée, oubliée, et c'est tout le rouleau qui est impropre à la lecture. Fleg insiste sans doute car il sait que c'est la permanence plurimillénaire de ce texte qui est garante de la pérennité du peuple d'Israël. Il conclut ce chapitre, comme un refrain, avec André Spire et Israël Zangwill, ses deux grands inspirateurs, l'un évoquant l'ancienne loi et l'autre le pur et l'impur.

La section des fêtes juives commence par le fameux *Had Gadia* de Zangwill, dont nous avons déjà parlé, ce conte sur la soirée de Pessah, avant de présenter le jeûne de Kippour, le shabbat puis le « nouveau prosélyte » : ainsi décrit-il ce moment où Aimé Pallière, journaliste et écrivain catholique, remarquant à Lyon que beaucoup de magasins étaient fermés, décida d'entrer dans la synagogue du quai Tilsitt – alors il fut saisi du désir irréfragable de suivre les voies de ce peuple et du sionisme, comme un acte d'amour de Dieu et de son peuple.

C'est aussi un cri d'amour que pousse Fleg en parlant de la vie sentimentale, sous sa forme poétique, mystique ou spirituelle, jusqu'à Cholem Aleikhem et son *Tèvié le laitier*, qui présente le personnage le plus important du *schtetl*, le village traditionnel yiddish en Europe de l'Est : le *schadchen*, le marieur. Comment vivre sans *schadchen* ? N'est-ce pas alors le meilleur moyen d'atteindre la paix domestique, une forme de bonheur simple et jamais questionné qui offre juste de se projeter sur le chemin décrit par Peretz : « Haïm devient tout joyeux » ? Joyeux d'avoir accompli le devoir d'être marié et, si possible, d'avoir des enfants.

Fleg ouvre son chapitre sur la vie morale et sociale des Juifs par un texte des *Maximes des Pères* si important : « Prie pour le salut du royaume, car, n'était la crainte qu'il inspire, les hommes s'entre-dévoreraient vivants ». C'est d'ailleurs en me fondant sur cet appel, qui avait déjà été lancé par le prophète Jérémie, que j'ai imposé de revenir à notre tradition consistoriale de réciter la prière pour la République, dont j'ai déjà parlé, tous les samedis, dans toutes nos synagogues, en y ajoutant, je l'ai dit, le paragraphe dédié à nos soldats et aux forces de l'ordre.

Fleg nous offre ensuite des poèmes, des paraboles, des fables, des histoires hassidiques qui forment le portrait de communautés partageant l'espérance comme viatique absolu, jusqu'à en venir à une section intitulée « Israël et l'humanité », qu'il débute par un texte d'une infinie tendresse de Henri Heine sur le lien qui ne peut s'estomper entre le peuple juif et le monde non juif.

Avant la traditionnelle conclusion avec Spire et Zangwill, Fleg glisse un texte de lui, tiré de *La Maison du Bon Dieu*, évoquant l'humiliation de Gutlieb, ce Juif si bien intégré qui se fait pourtant rejeter de son club par un prince qui ne peut supporter la présence d'un Juif car « votre nom à côté du mien m'était une insulte ».

Puis Fleg revient au Mur de Jérusalem avec un texte de Kessel pour ouvrir le chapitre si prophétique d'Israël sur la terre d'Israël. « Le peuple est une herbe », comme le dit Bialik, et chacun se sent volontaire pour partager et cultiver l'espoir, même invisible.

« Mission et Messianisme » pose la question de la vocation d'Israël, de son éternité, mais aussi de son amour. Le thème de l'amour est très important car il a été comme arraché de l'espérance juive pour être parfois attaché trop exclusivement au monde chrétien : Fleg affirme, lui, que l'amour est bien au cœur de ce que porte le judaïsme. Amour de Dieu pour Ses créatures, amour du peuple d'Israël pour son Créateur, amour des frères entre eux, avec cette phrase toujours si tragiquement actuelle : « On ne sait plus aimer. »

Pour l'époque contemporaine, il précise qu'il a voulu illustrer le judaïsme du début des années 1950, après l'anéantissement de ce que personne n'appelle encore la Shoah et la naissance de l'État d'Israël. Sans se limiter à la France, il revendique le biais de privilégier les auteurs français afin de conserver dans son œuvre une forme de cohérence. Fleg constate que la littérature juive récente porte un regard désabusé sur une société où le messianisme a laissé la place à la désespérance. Alors que le progrès semblait définitif, la régression des droits, les ghettos qui se referment après avoir été ouverts, et même le rêve messianique du retour des Exilés de Sion sur leur ancienne terre semblent poser des questions nouvelles. Cette analyse qui a plus de soixante-dix ans demeure d'une brûlante actualité.

Lorsque le régime nazi s'écroule au profit du progrès, de la vérité et du Bien, l'Israël biblique peut peut-être renaître, et avec lui une forme neuve d'espérance : c'est la grande promesse de l'éducation qui avait été si justement illustrée lors de la fondation de l'université hébraïque de Jérusalem le 24 juillet 1918 avec le discours de Haïm Weizmann. Le grand scientifique qui devint président de l'État d'Israël avait, avec Einstein, ce rêve d'une université à Jérusalem qui se devait, comme il le dit, d'être hébraïque. Mais justement parce qu'elle l'est, elle avait aussi une vocation universelle, comme le démontre d'ailleurs de nos jours l'ouverture internationale de toutes ses recherches, en particulier celles sur le cerveau humain. Cette même université à laquelle je suis si attaché m'a d'ailleurs attribué son grand prix Scopus en 2016. La boucle n'est pas tout à fait bouclée, car mon attachement à Fleg ne cesse de trouver de nouvelles sources, de nouvelles raisons de voir, dans ces petites correspondances qui habillent un destin, des raisons supplémentaires d'espérer.

Cheminer avec Fleg (6)

FACE AU DÉSASTRE

Parue après la Seconde Guerre mondiale, l'anthologie ne pouvait esquiver le sujet de la Shoah.

Fleg y présente la montée du nazisme en Allemagne, l'invasion de la France, l'engagement irréprochable des volontaires juifs étrangers pour ce pays – sujet d'autant plus important qu'après la Première Guerre mondiale, certains prétendaient que les Juifs n'avaient pas combattu ! Une longue et difficile campagne fut menée, aboutissant à l'érection du monumental mémorial de Douaumont, près de Verdun, en hommage aux soldats juifs morts pour la France. C'est le 19 juin 1938 que César Campinchi inaugura ce monument qui porte d'immenses Tables de la Loi comme témoignage de la foi en Dieu et en la France qui animait ces soldats.

C'est d'ailleurs devant ce monument, par un froid polaire, que j'avais réuni tous les aumôniers israélites lors d'un congrès à Verdun. Nous étions ensuite allés nous recueillir devant le monument en hommage aux soldats musulmans érigé en 2006, avant de nous retrouver devant l'ossuaire de Douaumont, lieu de pèlerinage et de mémoire. Comme Edmond Fleg, je sais combien ce mémorial est important pour se souvenir de tous ceux qui se sont rêvés Français par le sang versé, en particulier dans la Légion étrangère. Fleg l'a prouvé.

Évoquant le statut des Juifs, il nous donne à lire la lettre bouleversante de force et de dignité de Pierre Masse à Pétain. Pierre Masse fut un grand avocat, sénateur, vice-président du Sénat, député et homme politique engagé sans jamais renier sa judaïté. Il fit partie de ce qui est appelé la « rafle des notables » du 12 décembre 1941, où 743 Juifs furent envoyés à Drancy, Compiègne, puis déportés à Auschwitz le 27 mars 1942. Anne Sinclair en a très bien parlé dans son livre sur ce moment d'histoire si cruel.

Lorsque je préparais une note pour le Premier ministre et pour le président de la République afin de refaire le pavillon français à Auschwitz, qui datait de 1974, c'est-à-dire avant les travaux de Robert Paxton et de Michael Marrus, et surtout avant le discours du président Chirac au Vél d'Hiv, en 1995, l'idée était de personnaliser les histoires de déportations.

Le comité scientifique fit alors le choix de cinq destins : ceux de Charlotte Delbo, la résistante lumineuse, de Georgy Halpern, un enfant d'Izieu, de la famille Beznos, une famille qui venait de Pologne pour trouver refuge dans le pays de la liberté et de l'espérance, de Jean Lemberger, le résistant communiste des FTP-MOI, et de Pierre Masse.

Après la publication du statut des Juifs d'octobre 1940 qui les exclut de tous les emplois publics, le grand avocat Masse adresse donc sa célèbre lettre à Pétain. Elle figure aujourd'hui dans le pavillon français d'Auschwitz, le pavillon numéro 20, que je visite tous les ans lors du voyage que j'organise là-bas. Elle me touche et touche tous ceux que j'emmène avec moi, année après année, avec la même force : celle du bon droit bafoué.

Monsieur le Maréchal,

J'ai lu le décret qui déclare que les Israélites ne peuvent plus être officiers : même ceux d'ascendance strictement française.

Je vous serais obligé de me faire dire si je dois aller retirer leurs galons à mon frère, sous-lieutenant au 36ème régiment d'infanterie, tué à Douaumont en avril 1916 ; à mon gendre, sous-lieutenant au 14ème régiment de dragons, tué en Belgique en mai 1940 ; à mon neveu J.-P. Masse, lieutenant au 3ème colonial, tué à Rethel en mai 1940 ?

Puis-je laisser à mon frère la médaille militaire, gagnée à Neuville-Saint-Vaast, avec laquelle je l'ai enseveli ?

Mon fils Jacques, sous-lieutenant au 62ème bataillon de chasseurs alpins, blessé à Soupir en juin 1940, peut-il conserver son galon ?

Suis-je enfin assuré qu'on ne retirera pas rétroactivement la médaille de Sainte-Hélène à mon arrière-grand-père ? Je tiens à me conformer aux lois de mon pays, même quand elles sont dictées par l'envahisseur.

Veuillez agréer, Monsieur le Maréchal, les assurances de mon profond respect.

PIERRE MASSE,
Ancien Capitaine au 36ème RI,
Officier de la Légion d'honneur,
Croix de guerre,
Ancien sous-secrétaire d'État
à la Justice militaire

Fleg ne fait qu'une erreur : il intitule ce texte : « lettre du bâtonnier P. Masse »... Or celui-ci ne fut jamais bâtonnier, bien que siégeant au Conseil de l'Ordre, car il était impossible à un Juif d'assurer le bâtonnat de Paris sans bien entendu que cela ne soit jamais écrit. Le premier Juif élu à cette fonction le sera en... 2024. Il s'agit de Pierre Hoffman, fils de Serge Hoffman, qui bouleversa tous ceux qui étaient présents lors de la cérémonie de remise de sa Légion d'honneur en suggérant que la République réparait la faute de l'État français en accrochant une éminente décoration à l'emplacement où on l'avait obligé à porter autrefois l'étoile jaune. Avec ce bâtonnier, c'est le passé et le futur qui accèdent à cette charge, comme une forme de réparation de l'impossibilité pour Pierre Masse d'y accéder. Pierre Hoffman vient racheter l'honneur de la France qui bafoua, puis assassina Pierre Masse.

Fleg présente ensuite la plaidoirie de Léon Blum lors de son procès à Riom (défense si lumineuse que le gouvernement de Vichy arrêta le procès devant la déroute qui s'annonçait), et une lettre de Pierre Mendès France avant son évasion, comme une protestation solennelle contre l'injustice commise à son encontre. De Gaulle fait son apparition dans l'anthologie (et en France !) comme le Messie que le pays attend, premier des résistants et qui justifiera tous les autres. La résistance s'organise, y compris pour conserver des documents, témoignages irréfutables du massacre, y compris avec un maquis juif et une aide du monde chrétien au sauvetage des enfants juifs. Dans l'anthologie figure un témoignage sur le Chambon-sur-Lignon et sur tout le plateau du Vivarais habité par ces protestants qui suivent l'appel du pasteur Boegner à tout faire pour sauver les Juifs. Le pasteur Trocmé y mettra toute sa foi, sauvera des milliers de vies et aidera à fonder ce qui deviendra l'École des Prophètes. Au cœur de la Nuit, on rêvait déjà au renouveau juif de l'après-guerre.

Parce qu'il suit l'histoire chronologique, les malheurs et l'espoir alternent dans son anthologie comme des flambeaux sans cesse éteints, repris, rallumés. À l'espoir succède toujours la tragédie : Fleg retrace l'histoire terrible du *Struma*, ce navire chargé de 770 Juifs roumains dont personne ne voulut, auquel les Anglais interdisaient le débarquement en Israël, et dont tous les passagers moururent lors du naufrage en février 1942. À la tragédie, l'espoir succédera-t-il toujours aussi ? Fleg présente le débarquement américain à Alger, le 8 novembre 1942, restituant ainsi sa place dans l'histoire à José Aboulker, qui porta l'opération et fut le grand oublié du récit de ces événements.

Je voudrais insister sur cet épisode peu connu et qui pourtant me révulse profondément. Une lettre de Maurice Vanikoff d'août 1943 au général Giraud revendique le droit pour les Juifs de combattre pour la France, ce que le général leur refuse. Giraud, un drame français. Il participe à tous les combats de nos armées, durant la Première Guerre mondiale, la guerre du Rif, puis la Seconde Guerre mondiale. Il est fait prisonnier alors qu'il est général d'armée le 19 mai 1940. Il avait connu de Gaulle en s'opposant à lui, en particulier sur des questions de stratégie d'utilisation des blindés. Fait grand-croix de la Légion d'honneur en août 1940, toujours prisonnier, il rédige une lettre publique qui appelle au redressement de la France. Il s'évade de sa forteresse le 17 avril 1942 et, à la grande fureur des nazis, il réussit à rejoindre Lyon après un périple extraordinaire, d'autant que tout l'appareil policier allemand le traque. Il rencontre les dirigeants de Vichy et refuse de se rendre. Il affirme son entier soutien à Pétain mais refuse la collaboration. Les Américains veulent en faire le représentant de la France pour évincer de Gaulle : Giraud veut de son côté exclure la France libre gaullienne du débarquement prévu en Algérie. Mais il rejoint trop tard Alger et, le 8 novembre, le débarquement américain a lieu avec les équipes de José Aboulker, en grandes parties juives, qui occupent les lieux stratégiques de la ville. Darlan s'impose comme représentant de la France et Giraud est nommé commandant en chef des forces terrestres et aériennes.

Or, les Juifs qui ne rêvaient que de pouvoir s'engager pour la reconquête du territoire national se trouvent ne plus être français. Le décret Crémieux de 1870 qui avait naturalisé les Juifs d'Algérie a été abrogé par Vichy, en appui de l'antisémitisme virulent en Algérie, et le général Giraud refuse d'abroger cette abrogation. Pire, il réabroge le décret Crémieux en mars 1943, puisque après la mort de Darlan en décembre 1942, c'est lui qui dirige ces territoires avec les pouvoirs militaires et civils. Appuyé par les Américains qui poussent de Gaulle à le reconnaître comme son chef, ce que ce dernier refuse absolument, Giraud poursuit sa politique antisémite.

En mars, de Gaulle est invité par Giraud à rejoindre Alger, ce qu'il fait en mai 1943, exigeant le départ de tous les acteurs trop ouvertement vichystes qui s'inscrivaient dans le sillage de Giraud. Le 3 juin 1943, le Comité français de Libération nationale est fondé avec Giraud et de Gaulle à sa tête. Giraud fait une tournée aux USA en juillet et explique encore que « tout n'est pas à rejeter dans la Révolution nationale » : ce sera sa fin politique. De Gaulle parvient à s'imposer y compris auprès des Américains, abroge enfin l'abrogation du décret Crémieux en octobre 1943 et rétablit les Juifs dans leur citoyenneté. Alors seulement, ils peuvent de nouveau s'engager dans toutes les campagnes qui porteront l'espérance de la France.

Ce double rejet des Juifs durant cette année 1943, appelée « l'année des dupes » dans un remarquable ouvrage de Jacques Attali, est l'un de ceux qui m'ont le plus marqué, attaché que je suis à l'honneur du combat et des armées. Tous les Juifs d'Algérie et leurs enfants, dont je suis, vivent cet épisode comme une honte indélébile attachée à la personne de Giraud, grand soldat qui s'est perdu dans son incapacité à appeler le Mal par son nom et à considérer Pétain pour ce qu'il fut aussi – un renégat.

Voilà pourquoi cette lettre, cette supplique à Giraud, m'importe tant : Fleg, en la retenant dans son anthologie, montre la finesse de ses perceptions, y compris celle du traumatisme d'une communauté à qui la France refusait même l'honneur de combattre pour elle.

Cheminer avec Fleg (7)

L'APRÈS-GUERRE

Fleg n'a de cesse de rappeler la grandeur du combat de tous ceux qui se sont élevés contre le joug totalitaire, en Russie où les Juifs étaient pris en étau par un communisme lui-même trop souvent antisémite, en Pologne où les combats du ghetto de Varsovie marquèrent à jamais du sceau du courage et de l'abnégation le destin des communautés de l'Est.

Il n'est jamais avare de textes relatifs à la vie familiale, sociale, morale et religieuse, avec beaucoup de poésie et une forme de tendresse qui prépare secrètement à affronter le chapitre intitulé « Abomination de la désolation ». Je suis notamment frappé par le testament de Samy Klein, jeune rabbin aumônier fusillé ; par la lettre pastorale du grand rabbin René Hirschler, aumônier des camps, assez inconscient, ou assez conscient de son sacerdoce, pour entrer dans les camps de prisonniers et sauver ce qui pouvait l'être. Ces deux textes montrent combien les rabbins se sont sacrifiés pour aider, accompagner, sauver, donner encore et encore à espérer. Hirschler sera arrêté et déporté avec son épouse.

Mais Fleg peut et veut conclure son anthologie en rêvant à la reconstruction avec la nouvelle déclaration de l'Alliance Israélite Universelle ; avec le texte prophétique de Robert Sommer sur l'ardente obligation, après Auschwitz, à devenir « plus instruit, plus pieux, plus fidèle, plus pratiquant, plus fervent, plus croyant » ; avec Léon Meiss, président du Consistoire et fondateur du CRIF, qui appelle à l'unité des Juifs, appel toujours actuel.

Surtout, tirant toujours le judaïsme vers l'universel, il donne le discours d'ouverture de l'Assemblée constituante de l'État d'Israël, avant de citer le Prix Nobel René Cassin, le 9 décembre 1948 devant l'Assemblée générale des Nations unies, à Paris, présentant la Déclaration universelle des droits de l'homme.

Pour Fleg, c'est un texte, si ce n'est juif, tout du moins inspiré par le souffle des prophètes, l'espérance de la Bible et le rêve de paix universelle des messies de chaque époque.

Il n'oublie pas pour autant le judaïsme américain, fort de son nombre, de son niveau social et de son haut degré de liberté. Il anticipe aussi sur nos débats contemporains, avec un texte de Rabi sur les rapports entre Juifs, Noirs et Blancs, question qu'il voit déjà poindre à une époque où les Juifs sont très présents, à la pointe du combat des Noirs américains pour les droits civiques, à l'heure où Frantz Fanon affirme: « Quand vous entendez dire du mal des Juifs, dressez l'oreille, on parle de vous. »

Fleg s'intéresse au judaïsme russe, cite l'appel du MRAP à lutter contre le racisme et conclut avec le discours d'Albert Einstein lors d'une intervention télévisée aux USA, l'appel d'un sage à ne pas sombrer dans la course à l'armement – sujet une fois de plus universel.

Enfin, une série d'évocations retracent le portrait d'un judaïsme miraculeux avec des contes, des histoires, des paraboles et des récits talmudiques qui vont du Juif errant à Honi le traceur de cercles, en passant par le roi Salomon, une surprenante défense de Louis IX, qui n'est pourtant pas à classer parmi les rois de France les plus philosémites, et Doña Gracia Nassi, cette femme remarquable qui suscita admiration et vénération à Constantinople. Bernard et son *Marchand de Venise*, Martin Buber et son histoire hassidique merveilleuse de piété des gens simples et, bien entendu, le Baal Chem Tov et les *dibbouks*, ces démons qu'il fallait exorciser. Nous retrouvons aussi Schalom Asch et son *Juif aux psaumes*, Armand Lunel et *Esther de Carpentras*, André Maurois et le père de Disraeli qui refusa d'être le chef de la communauté juive de Londres afin d'affirmer sa liberté. Fleg semble vouloir faire le tour des héritages linguistiques, cabalistes, profanes de la Bible. Il cite évidemment son ami Robert Gamzon, le fondateur des Éclaireurs Israélites de France, qui prône l'harmonie, la *Tivliout*. Il aborde ensuite des domaines assez novateurs, la Bible et la musique, l'art, la politique et la science. Il cite Levinas pour traiter de l'existentialisme et... Edmond Fleg sur le messianisme, dans *L'Enfant prophète*.

Dans les tendances qu'il voit poindre, il évoque le cheminement du judaïsme vers l'humanisme, Jules Isaac avec son *Jésus et Israël* traitant de l'antijudaïsme chrétien qu'il va contribuer à éradiquer, cite le grand rabbin Jacob Kaplan qui, dans *Témoignages sur Israël,* trouve du réconfort dans le discours philosémite de nombre de Chrétiens, parle des « dix points de Seelisberg », résultat de cette rencontre qui fonda les nouveaux rapports entre Juifs et Chrétiens, ouvrant la possibilité à l'existence de l'Amitié Judéo-Chrétienne.

Le lien avec Israël nous emmène d'Arthur Koestler à André Neher, qui avec son *État-prophète* fait le lien entre la dispersion prophétique et l'universalisme de la création de l'État des Juifs.

Fleg donne enfin la parole aux poètes, après avoir placé un texte de Léon Blum sur l'*Exodus*, ce bateau chargé de réfugiés qui furent refusés partout dans le monde au sortir de la guerre. En juillet 2017, à Sète, sur le lieu même de l'embarquement du bâtiment, j'inaugurai une plaque mémorielle pour rappeler ce que le monde n'avait pas su voir – et refuse encore si souvent de considérer en face.

Peut-on lui laisser le dernier mot, à celui qui nous donne à lire sa nouvelle Apocalypse : « Viens avec moi ! Faisons le tour du monde ! et crions pour sauver le monde : Malheur à ceux qui fabriquent des armes ; ils seront massacrés par les armes ! » ? Non, nous irons un peu plus loin encore du côté de l'espoir, et ne finirons pas avec des armes se retournant contre d'autres armes, car il n'y a pas de fin possible aux engrenages de la violence : la seule violence légitime qui puisse y répondre, et nous emmener sur d'autres rives que celles du désastre, Fleg le pressentait, est celle de l'espérance.

Le dernier texte de l'anthologie est dédié au rêve du Juif errant, cet idéal universaliste qui voit tous les hommes se consacrer à la préparation d'une sorte de repas messianique : ce moment où chacun et chacune pourra partager l'espérance d'une humanité apaisée et heureuse de donner à chacun sa juste place.

DESTIN JUIF, DESTIN FRANÇAIS

De retour à Paris après la guerre, Edmond et Madeleine Fleg parviennent à récupérer l'usage de leur appartement quai aux Fleurs et retrouvent même une partie de leur bibliothèque. Plus actif que jamais dans la communauté intellectuelle juive, Fleg participe aux travaux du Congrès juif mondial, rejoint le comité central de l'Alliance Israélite Universelle, partage devant les assises du judaïsme français sa fierté au moment de la création de l'État d'Israël.

Pour ses 75 ans, le 28 novembre 1949, lors d'une séance présidée par le baron Guy de Rothschild élu peu avant président du Consistoire central, il se voit décerner par les grands rabbins de France un diplôme rabbinique de *Haver*, – compagnon de la Thora. J'ai relancé ce titre il y a peu et une commission œuvre avec dévouement à décerner le titre de *Haver* aux hommes fidèles à l'étude et celui de *Yéḳirat Haḳéhila*, chère à la communauté, aux femmes engagées dans la diffusion de la Thora.

Le titre de *Haver*, littéralement, l'Ami (des Sages et de la Thora), est attribué aux personnes qui servent l'étude et le rayonnement de la Thora et du judaïsme. Encore aujourd'hui, assisté d'une commission qui étudie les dossiers des hommes et des femmes qui s'investissent pour diffuser l'étude, je décerne ce diplôme en pensant à Edmond Fleg, qui en fut un titulaire éminent. René Cassin, président de l'Alliance Israélite Universelle, avait envoyé à l'occasion de la distinction de Fleg par ce titre de *Haver* ses félicitations les plus chaleureuses et ses vœux les plus fervents, évoquant avec gratitude le « grand poète, grand français, grand juif » : « L'universalité de sa pensée, expression et synthèse à la fois de son idéal français et de son idéal juif, trouve sa place tout indiquée dans le cadre de l'Alliance, elle aussi marquée par le caractère d'universalité, en raison de ce même double idéal qu'elle poursuit. »

En 1951, Fleg retourne en Israël pour inaugurer une forêt qui porte son nom, offerte par les Éclaireurs, entre Jérusalem et Tel Aviv. Il est désormais traduit en hébreu, participe à tous les cercles d'études juifs de France et lance en 1957 avec Léon Algazi le Colloque des intellectuels juifs de langue française, qui s'est ensuite réuni tous les deux ans pendant une quarantaine d'années. Le 7 janvier 1957, il était fait commandeur des Arts et des Lettres, et en 1959, commandeur de la Légion d'honneur.

Il s'éteint le 15 octobre 1963 à Paris, à près de 89 ans, et repose à Grimaud, dans le Var, auprès de ses fils. De nombreux hommages lui furent rendus, y compris en Israël par le président Zalman Shazar. La société des Amis d'Edmond Fleg fut créée, présidée par Vladimir Jankélévitch, et la présidence d'honneur en fut assurée par la reine Élisabeth de Belgique puis par l'un de ses plus proches amis, Yehudi Menuhin. Celui-ci me toucha profondément en venant en ma synagogue de Reims parrainer un concert parmi les plus de cent vingt représentations des Flâneries musicales de la ville des sacres. Il me parla de Fleg et de sa foi ardente.

En 1966, le premier centre universitaire juif de France est inauguré rue de l'Éperon à Paris et porte toujours son nom. À Marseille, sur le campus de l'Université hébraïque de Jérusalem, sur le square de Beauvallon près de la maison qu'il aimait, bien des lieux et des plaques entretiennent la mémoire de cette destinée exceptionnelle qui fut celle d'un jeune Suisse sceptique taraudé par le doute, devenu l'un des représentants les plus marquants du judaïsme français à vocation universaliste.

Ce Juif toujours heureux d'errer avait enfin trouvé des lieux de repos, si ce n'est d'enracinement, qu'il ne cherchait peut-être pas. Bien au-delà d'une réappropriation du judaïsme qui avait été celui de son enfance, Fleg fut l'acteur incontournable d'une réinvention de ce judaïsme moderne, républicain, amoureux de la France, qu'il nous a légué.

C'est à ce parcours, marqué par l'amour de l'altérité et la redécouverte de l'identité, que je me devais de rendre hommage, tant il m'est arrivé, bien que né sous d'autres cieux, de m'identifier à lui ou, plus exactement, de le prendre comme maître et comme modèle : aujourd'hui encore, je m'en vais le relire, et j'espère vous avoir transmis le désir impérieux de feuilleter, à votre tour, les pages de ce styliste érudit, de ce poète engagé, de cette âme tout entière dévouée à l'amour de Madeleine et de ses fils, et à ses amours plus éternelles peut-être que ne le seront jamais les hommes – la France, le judaïsme.

Coda

C'est alors que je mettais la dernière main à *Ma vie avec Fleg* que m'arriva ce qui devait arriver pour rendre possibles ces dernières pages : la confirmation bouleversante que je ne m'étais pas trompé, ni dans mon admiration pour l'homme, ni dans ma compassion pour son destin tragique, ni dans ma conception de ce qu'il avait profondément désiré transmettre comme message.

Je dois raconter cette histoire comme elle est venue à moi – presque sous la forme d'un conte – pour rester fidèle à l'émotion qu'elle m'inspira. J'étais en route, comme toujours, entre deux rendez-vous, quand mon téléphone sonna. Je décroche toujours lorsque cela m'est possible, contrairement à une habitude contemporaine à laquelle j'ai le plus grand mal à m'adapter, celle de se fier aux répondeurs avant d'oublier, une fois sur deux, celui qui vous a laissé un message. J'aime décrocher et j'aime, mes amis le savent, que l'on décroche quand j'appelle, ce qui ne manque pas de les faire sourire parfois. C'est grâce à cette habitude, que je revendique, que j'ai d'ailleurs contribué aux plus belles rencontres, souvent impromptues, entre des gens qui ne se connaissaient pas mais dont j'avais compris que je devais, sans attendre, les mettre face à face. Donc, je décrochai.

C'était un ami, le docteur Ariel Toledano, qui écrit si bien sur la médecine et sur les rêves, qui me raconta cette chose improbable : il se promenait quai aux Fleurs, le long des bouquinistes de la Seine, quand la couverture d'un livre posé sur le parapet avait attiré son regard, juste devant le domicile d'Edmond Fleg. Sait-on jamais pourquoi l'on tombe littéralement sur un livre, comme sous le charme d'un être de papier, sans s'y être attendu ? Ce livre était titré *Le Dernier Quart d'heure*. Ces « textes recueillis » par Pierre Lhoste, journaliste de radio des années 1950 qui mena de nombreuses interviews d'intellectuels, sont de Paul Claudel, Jean Cocteau, Raoul Follereau ou encore Maurice Genevoix. Mais, surtout : Edmond Fleg figure dans la liste. Curieux, mon ami ramassa le livre, en photographia les trois pages et demie, à peine, rédigées par Fleg, et me les adressa car, la veille, comme si de Là-Haut on veillait à ce que toutes les planètes s'alignent, il avait appris que j'écrivais sur Fleg.

Chacun des contributeurs devait répondre, en 1955, à une question simple : « À quoi penseriez-vous s'il ne vous restait que quinze minutes à vivre ? » Fleg avait alors 80 ans passés, et il se livra là comme jamais, dans une sorte de testament complètement oublié mais qui devait resurgir maintenant, quai aux Fleurs, c'est-à-dire face à l'appartement où il avait vécu toute sa vie, pour que cet ami le trouve et me l'envoie. J'en suis persuadé.

Fleg l'assure : même dans le dernier quart d'heure, il ne croirait probablement pas à sa mort. Il confie l'extraordinaire hymne à la vie d'un homme qui a pourtant perdu tous ceux qu'il avait le plus violemment aimés, et dont les ombres l'entourent déjà. Son père, sa mère, ses fils adorés Maurice et Daniel, « et Léonce, qui m'était comme un frère ! », « et Renée, qui m'était comme une sœur, changés en gaz et en fumées », et ce petit-fils tant désiré, à qui furent dédiés ses livres et qui ne les lirait jamais, indicible douleur, et puis Madeleine surtout, son intarissable amour, « celle que je n'ai jamais quittée, que mon amour ne peut quitter encore », dit-il. Le texte est d'autant plus bouleversant qu'il semble écrit d'un seul souffle tremblant, traversé de fulgurances, de citations bibliques, presque chaque phrase se terminant par des points de suspension balbutiants ou des sursauts d'exclamation, comme s'il était impossible, trop difficile, de répondre : de *finir*, de mourir. Jusqu'au bout de tout, et même du désespoir, Fleg reste un immense vivant.

Il s'interroge tout de même sur la nature du Mal et des malheurs, épreuves, châtiments qui l'ont frappé tout au long de cette vie : s'agissait-il d'avertissements ? De rappels à l'ordre ? Mais de l'ordre de quelle Loi ? Loi divine et balance des fautes et des bienfaits ? « Dans nos traditions mystiques, talmudiques, apocalyptiques... chez Job, chez Daniel, dans les Psaumes : oui !... Mais chez Moïse, notre Maître, dans sa loi, sa Thora : non !... Pourquoi ?... Comme si, quand même, un souci trop étroit des récompenses *d'en haut* risquait d'obscurcir une tâche moins égoïste *d'en bas* ? » Car Son Royaume est peut-être de ce monde, justement, « non tel qu'il est, mais de ce monde tel qu'il sera, quand, avec l'aide de Dieu, l'homme aura changé l'homme ». Cette espérance est une vision, cette vision est une révolution, cette révolution est une réparation.

L'homme qu'il avait tant souhaité être en ses fils, en son petit-fils ardemment attendu, et en ses fils après eux, et en les petits-fils de leurs petits-fils, n'est pas tout à fait brisé. Ce qui lui reste à raconter ? Ce qui peut encore lui importer ? Il le cherche, et le trouve. « J'épiais tous les échos de la France, et d'Israël, et des hommes, comme si je voulais être partout, comme si j'étais sûr d'être toujours. » Au fond de lui, malgré tout, c'est-à-dire malgré le pire : la solitude du survivant qui a perdu les êtres les plus aimés demeure une étincelle brûlante – « jamais je ne me sentais sincère, quand je refusais d'espérer ».

Alors, il espère encore, et c'est un « rêve juif, et terrestre, et divin, d'une justice, d'une paix, sur une terre divinisée », mais surtout il espère en l'Homme auquel il accorde un grand H, alors même qu'il « tient en son poing, aujourd'hui, comme un Adam nouveau, la pomme atomique de l'Éden nouveau, pouvant nourrir, d'un choix nouveau, le Mal ou le Bien, la Mort ou la Vie ». Lui sera toujours du côté de la Vie, même à l'heure de se préparer à ce qu'il nomme le « grand sommeil ». Il clôt son texte par un « pauvre chant », dit-il, un dernier poème, dédié aux « Fils des hommes », les priant d'avoir pitié de l'Homme, « Et qu'enfin vienne ton amour, Père des meilleurs jours ! ».

Puis arrivent les ultimes phrases, celles d'un homme amoureux « jusqu'à la dernière minute de son dernier souffle » : « espérer la terre aussi, Madeleine : ... Espérer d'espérer ! ». Voici donc le dernier message de celui qui ne cessa jamais de croire que l'espérance pourrait le porter vers un lendemain « vivable », au cœur même de la nuit qui commençait à le recouvrir. Il vivra d'ailleurs encore huit ans, jamais ne renonçant, jamais ne se reniant, méditant sur les présences invisibles et la force de la fidélité, le passé qui ne peut être changé et l'avenir que la mémoire doit inventer.

Pour aller plus loin

BIBLIOGRAPHIE SÉLECTIVE D'EDMOND FLEG

La Maison du Bon Dieu, 1920

Le Juif du pape, 1925

L'Enfant prophète, 1926

Pourquoi je suis Juif, 1927

Écoute, Israël, 1937

Le Chant nouveau, 1946

Anthologie de la pensée juive, 1950

Vers le monde qui vient, 1960

AUTOUR D'EDMOND FLEG

Correspondance d'Edmond Fleg pendant l'affaire Dreyfus, André Elbaz, Librairie A.-G. Nizet, 1976

« Aux sources d'un renouveau identitaire juif en France, André Spire et Edmond Fleg », Catherine Fhima, *Mil neuf cent*, n° 13, 1995, p. 171-189

Edmond Fleg en héritage. Être juif avant Dreyfus et après la Shoah, Sylvie Altar, Éditions Tirésias-Michel Reynaud, 2023

Pièces d'identité, Bernard-Henry Lévy, Grasset, 2010

Incipit 9

PETIT-FILS 17

PROPHÈTE EN SON PAYS 21

LA FORMATION D'UNE ÂME JUIVE 29

DEVENIR FLEG, DEVENIR PÈRE 36

L'ÉTERNEL RETOUR À L'ÉTERNEL 43

DE L'ANTI-ANTISÉMITISME AU JUDAÏSME ASSUMÉ 50

LÉGIONNAIRE, JUIF ET FRANÇAIS 57

LE TEMPS DE LA RECONNAISSANCE 63

RÉPUBLIQUE ET JUDAÏSME, UN SEUL COMBAT 70

ATTENDRE SA VENUE 73

Cheminer avec Fleg (1). LA GENÈSE : ISRAËL ET L'UNIVERSEL 81

Cheminer avec Fleg (2). VERS LA THORA 88

Cheminer avec Fleg (3). VOYAGES DE L'EXÉGÈSE 96

Cheminer avec Fleg (4). ÉMANCIPATION ET FRATERNITÉ 105

Cheminer avec Fleg (5). MODERNITÉS DU JUDAÏSME 113

Cheminer avec Fleg (6). FACE AU DÉSASTRE 126

Cheminer avec Fleg (7). L'APRÈS-GUERRE 134

DESTIN JUIF, DESTIN FRANÇAIS 139

Coda 143

Pour aller plus loin 149

Composition : Entrelignes (64)
Achevé d'imprimer
par Normandie Roto Impression s.a.s.
à Lonrai, en septembre 2024.
Dépôt légal : septembre 2024
Numéro d'imprimeur : 2403629

ISBN : 978-2-07-305575-0 / Imprimé en France

625983